Wolfgang Nitschke

Bestsellerfressen III

Das Elend hat kein Ende

**Critica
Diabolis
109**

**Edition
TIAMAT**

Inhalt

»Nicht alle Nudeln werden hart,
wenn sie heiß gemacht werden.«

Birkel

»Oh, Deutschland –
hörend die Reden,
die aus Deinem Hause dringen,
lacht man;
aber wer Dich sieht,
greift zum Messer!«

Brecht

»Fuck you, America!
Ha ha, I'm just playing, America,
you know I love you.«

Eminem

»Le futur n'existe pas.«

Adamo

»Die Angst, die einem selbst nicht
mehr droht, explodiert im herzhaf-
ten Lachen, dem Ausdruck der Ver-
härtung des Individuums in sich
selbst, das richtig erst im Kollektiv
sich auslebt.
Das schallende Gelächter hat zu
jeder Zeit die Zivilisation denun-
ziert.«

Adorno

Na, ja.

Vorwort

Wir werden ein Spaßgebäude errichten, das alles in sich hat.
Alle sind willkommen, aber keiner muß kommen.
Denn alle sind schon da.
Denn in unserm Spaßgebäude sind alle eingeschlossen.
Keiner kann raus, und niemand wird vergessen.

In jede Nase wird das Tattoo tätowiert:
»Lustig, lustig, unverdrossen,
wer nicht lustig, wird erschossen!«
Wir werden die Welt mit Witz bombardieren.
Wir werden an jeder Ecke einen Witzbold platzieren.
Unsere Welt wird komisch sein.

Wir werden komisch sein.
Wir werden alle komisch sein.
Wir werden alle urkomisch sein.
Wir werden alle gemeinsam grundsätzlich gnadenlos
urkomisch sein.

Wir sind gnadenlos für den Vormittagswitz.
Wir sind gnadenlos für den Nachmittagswitz.
Wir sind gnadenlos für den Gute Nacht-Witz.

Wir werden dem Staat eine Nase verpassen.
Wir werden die Nase ins Staatswappen pappen.
Wir werden die Menschen humorisieren.
Wir werden auch Tiere ironisieren.

Es könnt' auch mal ein Rohr krepier'n.
Es wird auch mal ein Rohr krepier'n.
Dann werden wir witzig werden beim Sterben.
Wir können aber auch
unwitzig werden.

Wir werden auf das Zwerchfell haun.
Wir werden auf den Pudding haun.
Wir werden auf die Sahne haun.
Wir werden auf die Kacke haun.
Und wir werden alle gemeinsam wieder diese Brillen tragen.

Wir machen Recycling.
Wir haben ein' Witz.
Wir haben ein Buch.
Wir haben eine Fabrik.
Wir haben eine Fabrik für ein Buch mit einem Witz.

Wir sind Komiker.
Alle sind Komiker.
Wir sind witzig
Und unser Buch heißt »Mein Krampf«.

In unserem Spaßgebäude ist Platz für alle,
die guten Willens sind.
Bei uns zählt keiner was.
Ich bin nichts. Du bist nichts. Er ist nichts.
Aber unser Witz ist mehr als du, als er, als ich.
Unser Witz ist mehr als nichts.

Wir befürworten ausdrücklich die Freiheit
der Ausübung der Heiterkeit.
Für Ketzer, Frevler und Feinde der Heiterkeit
haben wir ausbruchsichere Heiterkeitshäuser.

Es wird niemand mehr mucken.
Wir werden das Publikum impfen.
Das Publikum wird die Impfung wohl schlucken.

Wir wissen die Wahrheit und unsere Partei den rechten Witz.
Wir sind Freunde von Rudi dem Knallbonbon.
Wir sind die Gruppe für ein kompetentes Witzsystem.
Bei uns gibt es nur Witze erster Klasse.
Wir haben die Heilige Aquisition.

Unser Spaßgebäude wird Tag und Nacht gesäubert werden.
Am Morgen gibt es Witze mit Atze.
Am Abend dann die Witze mit Kotze.

Es wird einen Erbkanzler geben.
Folterkeller und Kellergeister für alle.
Nichts wird mehr so sein, wie es früher einmal war.

Wir kriegen euch alle.
Viel Spaß.

Liebe Leser!

Es kam, wie es kommen mußte! Alle, alle haben se weitergemacht: die Schroiders und die Stöbers, die Grünen und die Blüms, die Walsers, Grasss und Möllemanns, das Dalai und das Lama und Msgr. Frau Kardinal Meisner. Und die anderen alle.

Man kann nicht gerade behaupten, daß es sich bei deren Verbalbulimien um Verbrechen gegen die Menschlichkeit handelt. (Von Meisner mal abgesehen.) Sie sind nur so überflüssig wie 'ne Warze. Und deshalb mußten sie auch besprochen werden.

Und so unterschiedlich unsere literarischen Debakel-Experten ansonsten auch sein mögen – eines haben sie doch sämtlich durch die Bank gemeinsam:

einen mittelschweren Weizsäcker anner Waffel.

Neu dabei: hemmungslose Mitglieder der Terror- und Gesinnungsmusi! Erste Arschbratschen par exellence – Heinz Rudolf Kunze, Ben Becker, Xavier Naidoo und das Deutschländerwürstchen Hartmut Engler von Pur.

Damit aber nicht der Eindruck entsteht, der allerletzte Untergang des Abendlandes bräche durch die Türe, haben sich gegen Ende noch ein paar Elementarteilchen angereichert, die in die Zukunft weisen sollen können wollen, als da wären »Das Universum in der Nußschale« von Steven King und »Forever young« vom Fitness-Taliban Dr. med. strunz. Strunz oder so.

Was ist dagegen schon .... ?
(Hier bitte Ihre ganz persönliche Lieblingskatastrophe eintragen)

So viel Trost muß sein.
Viel Vergnügen.

Sülz, den 3. Oktober 2002

Armes Deutschland!

»Das Sommerloch«
von Norbert Blüm

Liebe Leser!

Das Wunderbare an toten Politrentnern ist ja, daß sie das Geschreibsel, das früher ihre kriminellen Ghostwriter verbrochen haben, nun selber verbrechen.

Das Gute an solch vermufften Rentnerschinken wiederum ist, daß sie nun meinen, ohne Rücksicht auf Verluste und Diplomatie endlich ungeschminkt die Wahrheit verkaufen zu können – die Wahrheit und nichts als die Wahrheit über ihr wahres Wesen, das eigene Selbst, den selbst vermufften Rentner.

Norbert Blüm, der mittlerweile konsequent, berufsdebil und volldement mit Haut und Glatze und Wahnsinnserfolg zur Knalldeppencommunity der alldeutschen Comedians übergelaufen ist, hat nun ohne Not dem lieben Gott und der Welt einen herzerfrischenden Offenbarungseid allererster Güte neben den Nachttopf geblättert:

»Das Sommerloch – links und rechts der Politik«, erschienen im Rechts- und Links-Verlag »Kiepenheuer & Witsch & Weg.

Und wieder einmal hat der Lektor das getan, was er nicht lassen konnte: nämlich für keine zwei Pfennige mal ins Manuskript geguckt. (Helge, lieber Helge, das ist jetzt nach Franzjosef Herpes, Alice Schwarzer, Carmen Thomas und Josef Fischer die wirklich allerletzte Abmahnung!)

(Bevor dir als Ober-Kiepenheuer bald alles egal wird.)

»**Das Sommerloch**« von Norbert Blüm ist nicht nur genau das, was der Titel suggeriert, sondern auch eine Sammlung von autobiographischen, zermürbenden Anekdoten, die an geilen Blümschen-Katastrophen nichts zu wünschen offen läßt.

Über den Anfang der 50er Jahre plaudert unser Ex-Sozialminister z. B. dieserart:

»**600-mal stärker als die Hiroshima-Atombombe war die Wasserstoffbombe. Es konnte einem angst und bange werden.**« So, so! Angst und bange. Kann man sich gar nicht vorstellen. Bei so 'nem strammen Jungen! Nobby, unser kleiner Hosenscheißer! Wegen so 'nem kleenen Wasserstoffbömbschen! Isser nich' süß?

Gottseidank wurde danach alles wieder gut. Und zwar durch Heil-Hitler-Papst Pius XII:

»**Papst Pius XII, der kerzengrade Mann mit den etwas krummen Beziehungen zu den Nazis, warnte vor den Gefahren des Fernsehens.**« ›Mit den etwas krummen Beziehungen zu den Nazis!‹ Tz, tz, ich krieg mich nich mehr ein. ›... warnte vor den Gefahren des Fernsehens!‹ Und alles in einem Atemzug, ohne in die Ecke zu brechen! Sehr beeindruckend!

»**Das beeindruckte den ehemaligen Messdiener Norbert sehr**«, weihräuchert der ehemalige Messdiener in die weite, weite Welt hinaus, »**der Nobbert, der kleine Bub**«, obwohl die Familie vom kleinen Bub Nobbert damals noch gar keinen Fernseher besaß!

Doch gegen das, was dieser freie Geist dann vom Stapel poltert, ist das und noch vieles mehr geradezu ein Dreck: »**Das und noch vieles mehr ist geradezu ein Dreck gewesen gegen das Ereignis, das dann die Welt erschütterte und Deutschland in einen Freudentaumel versetzte. 1954: Deutschland wird Fußballweltmeister!**«

Und da hat der Nobby nolens-volens doch wieder 'nen Jackenzipfel der Wahrheit gestreift. Denn so war es ja:

13

Wasserstoffbombe? Pippifax hoch 10! Krumme Beziehungen vom Pontifex? Pippifax hoch 12! Aber elf Ballermänner & »Tooooor! Tooooor! Tooooor!« – und die Welt war fertig und das deutsche Volk hatte wieder ganz normal und friedlich einen anner Klatsche.

Lieber Helge Malchow, der du bist designierter Kiepenheuer & Kitsch! Was tust du eigentlich den ganzen Tag? Wenigstens beim folgenden Satz hättste dem Nobby inne Parade fahren können. Aber nein, hasse nich; und also steht der Satz vom Buben Blüm wie ein Fels in der Brandung: »**Ideologen sind mir ein Gräuel. Ideologische Weltverbesserer wie Wladimir Iljitsch Lenin oder gar Adolf Hitler haben jedenfalls die Welt mehr gefährdet als alle Pragmatiker dieser Erde zusammen.**«

›Ideologische Weltverbesserer wie Adolf Hitler‹! Man fragt sich: Kann dieser komische Politklon außer Kopfstand im Zirkus *Roncalli* eigentlich gar nichts oder einfach nur nicht denken? Will er lustig oder weizsäcker als Weizsäcker sein?

Oder will er simpel nur mal Scheiße erzählen?

In diesem Sinne wäre er jedenfalls 'ne seltene echte, deutsche Mehrfachbegabung.

Und das beweist er mit seiner pragmatischen Schlagseite Seite für Seite.

So auf Seite 28, wo er die alte Bibel-Nummer von Hiob mit Gott und seinen gnadenlosen Prüfungen ins 21. christliche Jahrhundert rüberzaubert:

»**Warum müssen Kinder, die keinem Menschen ein Haar gekrümmt haben, grausam an Krebs sterben?**« klabautert Benjamin Blümchen mirnixdirnix locker flockig so dahin.

Ich aber frage: Ist das wirklich so? Müssen wirklich Kinder, die keinem Menschen ein Haar gekrümmt haben, grausam an Krebs sterben?

Bzw.: Müssen wirklich *alle* Kinder, die keinem Men-

14

schen ein Haar gekrümmt haben, grausam an Krebs sterben?

Oder müssen *nur'n paar* Kinder, die keinem Menschen ein Haar gekrümmt haben, grausam an Krebs sterben?

Was will er, unser Nobbylein, unser putziger Sozialknubbel? Meint er vielleicht:

Es sollten besser nur die Kinder, *die nachweislich einem Menschen ein Haar gekrümmt haben*, grausam an Krebs sterben?

Oder ist dem Nobby die kurze Bibel-Version, nämlich die ohne Krümmung der Haare, *einfach nicht grausam genug*?

Oder müssen für Nobby die kleinen Kinder, die grausam an Krebs sterben, *unbedingt noch was ganz, ganz Schreckliches verbrochen haben*, z. B. irgendeine schlimme Haarkrümmung?

Oder sollten Kinder, wenn sie schon an Krebs sterben, wenigstens nicht *ganz so* grausam sterben?

Oder sollten besser *Erwachsene* sterben?

Und wenn, dann *welche*?

Die, die *hauptberuflich* Haare krümmen?

Oder nur *schwarz nach Feierabend*?

Oder *aus Versehen*?

Und was ist mit Haare*spalten*?

Steht da auch Krebs drauf?

Und was hat Norbert Blüm eigentlich gegen Friseure?

Ach, scheiß der Hund drauf! Nach seinem »**Sommerloch**« weiß ich nur eins: daß Nobby es nämlich auch nicht weiß.

Et is' ihm aber auch egal; denn in seinem Fachgebiet ›Religion & Horrorstorys‹ kommt's ja bekanntlich gar nicht auf die Antwort an. Wenn die Religion darauf nämlich 'ne Antwort gäb', dann wär' se ja schön blöd.

Nicht unbedingt die Antwort, aber die Religion.

Und wer will schon 'ne blöde Religion?

15

Ich aber sage mit »**Friedrich Nietzsche**«, den ausgerechnet der Wurzelchrist Nobby in seinem »**Sommerloch**« zum »**Wegbereiter von Auschwitz**« macht:

»Solange man nicht die Moral des Christentums als Kapitalverbrechen am Leben empfindet, haben dessen Verteidiger gutes Spiel.«

Schönen Tag noch.
Und gute Nacht.

(25. Juni 2001)

16

Phallus Dei

Lieblingsmusiken – Teil I
»Klassik, Pop & Co« im Deutschlandfunk

1.: »**S.N.A.F.T.**« von »**Ton Steine Scherben**«
(»Die Schwarze«, David Volksmund, 1980) 2:30
2.: »**Hexagonne**« von **Renaud Sechan**
(»Paris – Provinces«, Virgin, 1996) 6:00
3.: »**Der Atlas**« von **Heine/Schubert**
(»Schwanengesang«, Phillips, 1982) 2:11
4.: »**Sirens in Germanistan**« von»**Amon Düül II**«
(»Nada moonshine«, Schneeball, 1995) 5:50
5.: »**Shadowboxer**« von **Fiona Apple**
(»Tidal«, Columbia, 1996) 5:20
6.: »**Lustige Songs**« von »**Dziuks Küche**«
(»Vom Tisch«, Boulevard Records, 1999) 3:00

Liebe Zuhörer!
6 Lieblingslieder! Meine 6 Lieblingslieder! Im Deutschlandfunk! Is' ja voll krass! Super Angebot! Das wollt' ich
immer schon mal machen!
   Na, dann mach ich das doch auch!

Also: Eins, zwei, viertelvordrei!
Wichtiger als meine Eltern, Gott, die BRD und der
Weihnachtsmann waren für mich immer und wenn die
Nacht am tiefsten war »Ton Steine Scherben«. Aber was
heißt hier ›waren‹?
   Kann es in Zeiten von Regierungskomikern wie Josef
Joschka Fischer und Trittin denn aktuellere National-

hymnen geben als z.B. »Der Traum ist aus«, »Macht kaputt, was euch kaputt macht« oder »Alles Lüge«?

Der Witz ist nur: Sänge man heute auf der Straße diese Lieder, käme nicht mehr die Polizei, sondern die Ambulanz!

Irgendwas haben wir falsch gemacht ...

Erhebend, erhaben und schön – wahrscheinlich sogar in den Ohren von Polizei und Ambulanz – klingen auf jeden Fall immer noch die Liebeslieder von Rio Reiser und den Scherben.

1980 kam die sog. »Schwarze Doppel-LP« raus – mit 22 wunderbar durchgeknallten Perlen der Popkultur. Darunter auch der nachfolgende Schmachtfetzen, den ich in meiner damaligen Wohngemeinschaft solange rauf- und runtergehört habe, bis meine werten Hausgenossen schon damals die Ambulanz holen wollten.

Hier nun das Stück mit dem leicht apokryphen Titel »S.N.A.F.T.«, der – wie Kai Sichtermann in seinem Buch »Keine Macht für Niemand« lakonisch anmerkt – auf einem banalen Tippfehler beruhte und eigentlich »Sanft« hätte heißen müssen.

Wie auch immer, »sanft« oder »snaft«:

Bitte schön.

»S.N.A.F.T.« von **Ton Steine Scherben**

Wenn es ein Land gibt, in dem der liebe Gott lebt, dann ist es logischerweise Frankreich. Und da Gott natürlich Musiker ist und selbstverständlich von Beruf Anarchist, muß man ihn auch gar nicht lange suchen.

Um es kurz zu machen: Gott wohnt in Paris und hört auf den Namen Renaud. Renaud Sechan. Sein Vater heißt Bob Dylan oder George Brassens und die Mutter Veronique Sanson oder Edit Piaf. Oder Françoise Hardy oder Lynda Lemay oder Sylvie Vartan oder Zazie. Keine Ahnung.

18

Und letztes Jahr hab ich ihn gesehen, in Lille, in einem plüsch-puff-roten Theater mit güldenem Stuck an Decke und Wänden, und es war – wie kann es bei Gott anders sein – zum Niederknien bis umwerfend!

Und es war 1975, als Renaud seinem Volk, der grande nation, mittels seiner 1. Langspielplatte zum 1. Mal die Leviten las:»Hexagonne«, ein 6-Minuten-Chanson mit 12 Strophen, eine französische Jahresbilanz, die für den Staat und seine Untertanen – gelinde gesagt – wenig schmeichelhaft ausfiel. Die letzten 3 Zeilen lauten in Holperdeutsch ungefähr so:

»Kein Grund, als Franzose stolz zu sein!

Denn ginge morgen das Arschloch

von Präsident in Pension,

gäb' es sofort 50 Millionen

Anwärter auf seinen Thron.«

In Lille, letztes Jahr, 6 Minuten vor seinem Auftritt, lief dieses Stück kaum hörbar von Band, und 1400 Leute standen wie ein Mann auf und sangen es von Anfang bis zum Ende voller Inbrunst mit.

Bitte schön.

Einmal »Hexagonne« mit Marseillaise!

»Hexagonne« von Renaud

Als Komiker wird man ja so jeden 2. Tag gelöchert:»Wie hältst du das eigentlich aus, immer und immer wieder mit den Fingern in den Wunden dieser Welt zu wühlen? Gibt es denn gar nix Schönes mehr in deinem Leben? Wirklich nur noch so was wie Gerhard Schröder und seinen grünen deutschen Außenminister?«

Und dann sag ich immer:

Um Gottes willen! Natürlich nicht! Es gibt auch noch Heinrich Heine und Franz Schubert! Und den sinnlichen

Pianisten Alfred Brendel und seinen Bariton Dietrich Fischer-Dieskau!

Womit wir auch schon beim nächsten Stückchen wären, einem Lied, das der weit vorausschauende Heinrich Heine 1826 dem deutschen Außenminister Josef Fischer gewidmet hatte:
»Ich unglücksel'ger Atlas! Eine Welt,
Die ganze Welt der Schmerzen muß ich tragen.
Ich trage Unerträgliches, und brechen
Will mir das Herz im Leibe.«

Ja, so sieht's aus.
Bitte schön.
»Der Atlas« von
Heinrich Heine und Franz Schubert

Eine meiner Lieblingsbands nennt sich seit 1969 Amon Düül II. Nun werden die wenigsten unter Ihnen, werte Hörer, wissen, wer Amon Düül ist. Geschweige denn Amon Düül II. Und der Rest wird sagen: »Was? Die gibt es noch?« Und da sag ich: »Jaa, die gibt es noch.«

Aber keine Panik! Ich werde Sie jetzt nicht mit germanischem Sauerkrautkrach von anno dunnemals quälen. Denn nicht nur Joschka Fischer hat sich weiterentwikkelt! Nur – und das is der Unterschied – bei Amon Düül macht die Weiterentwicklung Freude.
Da geht einem das Herz auf. Da rebellieren Körper, Kopf und Instant Karma, da schreit man unwillkürlich: »Gut, daß es noch so was Schönes gibt.«

Zwei Zeilen aus dem Song »Sirenen in Germanistan«:
»Ist es eine Sünde, Deutschland zu verklagen?
Ist es eine Schande, Regeln zu mißachten?«

Gut, Amon Düül schrieben das Stück 1995. Aber: Ist denn seitdem irgendetwas besser geworden? Et is doch alles nur anders!

Also: Bitte schön.

Und die Regler bis zum Anschlag!

»Sirens in Germanistan« von **Amon Düül II**

Wenn ich nun doch etwas Positives zu vermelden habe – und da hat Joschka Josef Fischer mit tödlicher Sicherheit auch nix dazu beigetragen –, dann ist es der Umstand, daß es seit einigen Jahren nur so wimmelt von Frauen, die eine solch himmlische Musik fabrizieren, daß man im Prinzip auf alles bisher Dagewesene getrost verzichten könnte.

Z. B. die Amerikanerin Fiona Apple.

Sie spielt Klavier, singt, komponiert und dichtet ihre Dinger selber; ist heute 23 Jahre alt, kommt aus Manhattan, lebt in Kalifornien und sieht aus wie – wie der apple aus'm paradise: verboten.

Und die Stimme? Mein Gott, das Elend der Welt hat viele Gesichter, aber endlich 1 Stimme! Einmal im Leben Fiona Apple sehen und hören – danach kann einem das Jammertal kreuzweise.

Ach, und noch was: Zum Zeitpunkt der Aufnahme von »Shadowboxer« war sie 19.

Bitte schön.

»Shadowboxer« von **Fiona Apple**

Es gibt ein feines Gesellschaftsspiel, das sich »Bundesverdienstkreuz« nennt und das geht so: Wer's bekommt, hat verloren.

Und Danny Dzuik wird in dieser Nummer wohl immer der winner bleiben.

Danny Dzuik, seit Ewigkeiten charismatischer Keyboarder beim ebenso charismatischen Ruhrpott-Rocker Stephan Stoppock, hat 1999 eine eigene CD unters Volk geworfen, die weder Marius Müller-Westernhagen noch Joschka Josef Fischer behagen wird – quasi *die* Voraussetzung für eine superbe Platte.

Punkt 2: Zum ersten Mal ahnt man, wie sich Bob Dylan auf deutsch anhören könnte.

Drittens: Der Mann hat Ironie.

Viertens: Der Mann hat Charme.

Fünftens: Der Mann hat eine 1a Kapelle.

Sechstens: Der Mann wird vielleicht mal dem Papst einen vorträllern, nur weil Dylan das auch mal gemacht hat, – aber niemals das Bundesverdienstkreuz kriegen.

Und siebtens hat mir der berühmte Klaus Bittermann, der berühmte Verleger so berühmter Bücher wie »Bestsellerfressen«, vor einer Woche erzählt, daß demnächst die 2. CD von Danny Dzuik in Deutschland erscheint.

Zur Stimulierung der Vorfreude heute noch mal ein Stück von seiner alten CD: Lustige Songs.

Bitte schön:

»Lustige Songs« von **Danny Dzuik**

Nachtrag:

Wenn Weizsäcker singen könnte, dann würde ...

Ach, egal. Heut' ma' nich'.

(28. Juni 2001)

22

Jungs, verfickt euch!

Offener Brief
an die »Junge Freiheit«[#] in eigener Sache

An die
»Junge Freiheit«
Verlag GmbH & Co.
Hohenzollerndamm 27a
10713 Berlin

Köln, 27.6.2001

Sehr geehrte Herren ..., nein,
Ehrenwerte Herren von ..., äh näh,
scheiße, wie redet man Euch Arschgeigen eigentlich an?
Ach ja!
Heil Himmler, ihr Scheißhausfliegen!

Nicht, daß Ihr glaubt, ich hätte Eure über eine ganze
Seite erbrochene Lobeshymne in Eurer Wochenwixe
»Junge Freiheit« nicht mitgekriegt! (Man hat halt so
seine Informanten!)((Danke, Matthias Beltz!))
    Nicht, daß ich glaube, Ihr wärt es wert, daß ich Euch
deswegen mit einem Brief beehren müßte!

Es ist einfach nur so:
    Erstens: Wenn die Hälfte der Zitate frei erfunden sind,
möchte ich das wenigstens an dieser Stelle etwas grade
rücken. Zum Beispiel, liebe Goebbels-Nachgeburten,

Info für Otto Normalbürger: »**Junge Freiheit**« nennt sich
der geistreiche wöchentliche Erguß der deutsch sprechenden
Rechtsradikalen.

23

habe ich folgendes weder jemals geschrieben, noch gesagt, noch gedacht:

»**Lyrik, Epigrammatisches, Aphorismen – diese ganze Gedichtsdichterei, ließ sich durch bessere Ernährung oder rechtzeitige Einnahme geeigneter Abführmittel leicht verhindern. Versemacher sind arme Willis oder verklemmte Lillys, die regelmäßig schön vögeln sollten, dann brauchten die keine laberigen Verse mehr zu kritzeln.**

Das gleiche gilt für die Abfasser von Dramen fürs Stadttheater: Das geht auf keine Kuhhaut, was da von der Rampe auf uns Steuerzahler runterkommt. (›Rampe‹ kommt aus Eurem Munde natürlich besonders gut.) **Da gibt es erst Ruhe, wenn der letzte Schauspieler an den Gedärmen des letzten Intendanten über der letzten Dramaturgin aufgehängt wurde, die sich soeben die Pulsadern öffnet.**«

Es ist mir reichlich schnuppe, daß Ihr Euch auf meinen Texten einen runterholt. (»**Solcher Klang bringt freie Geister in gehobene Stimmung; er eignet sich, am gescheuerten Eichentisch, unter dem Gerstensaft zusprechenden Burschen, beim Kraftzug aus schäumendem Krug dem Auditorium laut tönend vorgelesen zu werden.**« Oder: »**Das ist so komisch, das muß man sich kaufen, mit zwei, drei Flaschen Ahrweins, und im Kampfanzug lesen.**« Usw. usw.)

Aber zweitens:
Wenn bei der Eingabe meines Namens in die Internet-Suchmaschine »Lycos« an dritter Stelle Euer Artikel zu lesen ist, d.h. auf diese Weise suggeriert wird, ich wäre damit einverstanden, für Euer Scheißhauspapier Werbung zu machen;

wenn man weiß, daß Ihr nur zu gerne Leute umarmt, die Ihr unter anderen Umständen standrechtlich erschießen lassen würdet;

24

wenn die Leser der »Lycos«-Website nicht wissen können, daß Ihr für diesen Artikel mit mir aber auch nicht
eine Sekunde gesprochen habt, darin aber so tut, als ob;
dann will ich zumindest hier kundtun:
Sammelt ruhig weiter Eure nützlichen Idioten! Ich ge-
höre nicht dazu!
Und zählt mal Eure lockeren Schrauben!
Gute Nacht.

gez. Wolfgang Nitschke

P.S.:
Und tut doch nicht so, als hättet Ihr auch nur eine ein-
zige Frau in der Redaktion. »**Jutta Winckler**«! Daß ich
nicht lache!
Extra-Gruß an das Männeken, das sich hinter »Jutta
Winckler« versteckt.

Im übrigen, Mädels, wißt Ihr nicht mehr, was Euer heiß-
geliebter Führer '34 an Obertunte Ernst Röhm et al.
praktiziert hat? #
Ich meine nur: Irgendwann kommt alles raus.
Ach, und noch was:
Fickt Euch!
Alle alle.

(27. Juni 2001)

Kann man sogar bei Weizsäcker nachlesen!

Herr, schmeiß Hirn vom Himmel

über
Heinz Rudolf Kunze

Liebe Leser!

Wenn's um peinliche Personen geht, sollte man nicht pingelig sein. Sondern gründlich.

Peinlich im üblichen Sinne – also ›unangenehm, quälend, grausam, folternd und beschämend‹ – stammt ursprünglich aus dem Lateinischen: ›poena‹ = ›die Buße, die Strafe, das Sühnegeld‹. Im Mittellateinischen avancierte ›poena‹ gar zur ›Höllenstrafe‹, und im christlichen Mittelalter war ›peinlich‹ bereits ein Fachbegriff aus der – zugegebenermaßen – etwas kruden Strafprozeßordnung. Meine Damen und Herren, Heinz Rudolf Kunze ...

Äh, nein.

Fangen wir anders an!

Wer zum Teufel ist Heinz Rudolf Kunze?

Ist Kunze einer, der seit 20 Jahren nichts dagegen unternimmt, als **»Deutschlands intellektueller Rock-Poet«** und **»querdenkerischer Kombinierer«** bezeichnet zu werden?

Oder einer, dem es nicht in den Sinn kommt zu dementieren, wenn er **»in eine Reihe mit Rilke, Tucholsky, Ringelnatz, Morgenstern, Benn und Walter Benjamin gestellt wird«**?

Ist er ein Glücksfall für all die Volksschüler, die er als gescheiterter Deutschlehrer nicht mehr belästigen kann, weil er jeden 3. Abend irgend 'ne Halle vollmacht?

Oder ist er einfach nur ein Ossi?

Zumindest ist er einer, der das, was er so ins Mikro maffayt, als »**meine für Deutschland einmalige Art zu formulieren**« versteht.

Zum Beispiel so:

»**Hol mich raus aus dieser Retro-Zentrifuge
Diesem 24-Stunden-Deja vu
Ich kenne alle Sprüche, dämliche und kluge
Doch sie helfen in der Zweifelsfalle nie!**«

Kunze-Fans in Ost und West machen ja so einiges mit, und vor allem singen sie alles mit.

Und das wollen wir uns jetzt mal, meine Damen und Herren, zusammen vorstellen! Also:

Rund 2000 germanistische Abbruch-Kandidaten (davon laut Kunze »**70% immer weiblich**«) stehen alle ihren Mann und schmettern unisono tutti quanti quasi modo gemeinsam mit dem Meister:

»**Hol mich raus aus dieser Retro-Zentrifuge
Aus diesem 24-Stunden-Deja vu
Ich kenne alle Sprüche, dämliche und kluge
Doch sie helfen in der Zweifelsfalle nie!**«

»**Retro-Zentrifuge**« und dieses »**24-Stunden-Deja vu**« sind ja schon nicht zu toppen. Aber der seit 100 Jahren mausetote Kabarettismus »**in der Zweifelsfalle**« ... da wird selbst ein Künstler wie Karl Moik noch blaß vor Neid. Dabei betont Kunze:

»**Ich bin kein politischer Kabarettist, ich bin ein Phänomenologe.**«

Und Recht hat er: ein Phänomenologe mit einem phänomenalen Knall, der auch folgendes Phänomen gebar:

»**Wie fühlt man sich als Schnee von morgen?
Als Bombe, die nicht richtig tickt?
Als Bester ohne Klasse?
Als Teilchen ohne Masse?**«

Daß Herr Kunze seine Teilchen nicht alle ganz beisammen hat und seine Bombe dementsprechend auch irgendwie nicht richtig ticken kann, hatte er schon im letzten Jahrhundert nachgewiesen, als er als phantastischer Phänomenologe und völkischer Beobachter eine professionelle Protestbewegung gegen den »**Genozid an der deutschen Rock-Musik**« anführte.

Wohlgemerkt: Völkermord an Rock-Musik!

(Man siehtse förmlich vor sich: hunderte vernagelte Viehwaggons voller CDs mit guten deutschen Texten!)

Trotzdem oder grade deshalb erscheint wohlmeinenden Provinzredakteuren – die, auch wenn's gut läuft, sonst nur durch ausgezeichnete Artikel über Karnickelzucht & Taubenkacke glänzen dürfen – Kunzes vertontes Gekrumpel und Gekröse als »**tiefsinnig**« und »**schräg**«.

Und um auch das mal grade zu rücken: An Kunze ist nicht die Bohne schräg, sondern allenfalls alles daneben – und zwar die ganze Palette von meilenweit bis messerscharf:

»**Ich wünsche mir, daß meine Musik nicht nur mit großer Konzentration und Textblatt auf den Knien gehört wird, sondern auch beim Duschen und beim Geschlechtsverkehr.**«

Kunze beim Geschlechtsverkehr! Oh, Pimmelarschunzugenäht! Zur hl. Vorhaut Jesu Christi! Is ja ekelhaft.

Oder sollen ihm seine Fans direkt in die Texte masturbieren? Schräg oder daneben?

»**Herr Kunze, sind Sie noch das Gewissen Deutschlands?**«

»**Gewissen, nein, das war ich nie, und ich vermute, daß diese Formulierung auch ein Journalist entworfen hat. Ich bin nur ein Spieglein an der Wand.**«

Bitte was!? Was soll »ein Journalist entworfen haben«? »Eine Formulierung«? Oder wollte das gar wieder an ›Ringelnatzhaftes‹ gemahnen?

Zurück zum Provinzredakteur!

Der Kölner »*Express*«, eine bulimistische Boulevard-

Schmiere, mit der sich nicht einmal die hartgesottensten Zeilenschänder auf'm Redaktionsabort den Schließmuskel säubern, hat manchmal helle Momente. Am 23. April 2001 ließ er unser Spieglein selbstherrlich toi-toi-toi gegen die eigene Toilettenwand rauschen:

»Herr Kunze, sind Sie ein singender Sozialarbeiter? Haben Sie ein Rezept gegen die Glatzen und rechten Schläger?«

Okay, okay, die Frage war schon Kunze-mäßig obervoll daneben; aber Kunze is halt Kunze, und Kunze antwortet auf Kunze-Fragen natürlich wie Kunz, wie Hinz und Kunz, ohne »**Halt**« [#] und Verstand, und zwar so:

»Man sollte rechtsradikalen Jugendlichen verordnen, Ausländer mal kennen zu lernen. Wenn sie mehr drüber wüßten, würden sie zögern zuzuschlagen.«

Hey, da freut sich aber der Ausländer! Erst vermöbelt werden, dann mit Atze und Kotze drüber reden müssen, um dann – nach längerem Zögern – doch noch eins auf'e Glocke zu kriegen!

Na, die werden sich bedanken.

Am Ende des Interviews zeigt dann der HRK, der Heinz Rudolf Kunze, den Massen seine wahre, schöne und gute Güte & Größe. Nachdem der *Express*-Artikel schon überschrieben war mit »**Ich bin so wichtig wie Dylan und Springsteen«,** hieß da sein letzter Satz:

»Ich nehme hierzulande die Aufgabe wahr, die in Amerika Musiker wie Bruce Springsteen oder Bob Dylan haben.«

Herr, scheiß Hirn vom Himmel!

Man möchte ihm »Halt die Fresse« auf den Arsch tätowieren! Man möchte wieder dem *Terreur individuel* hul-

----

[#] »**Halt**« – so heißt halt Kunzes letztes Machwerk. Nur leider – und das kann man sich an 1 Finger abzählen – hält er sich nicht dran.

digen! Man möchte, man möchte, man möchte ... Aber es hat ja eh keinen Sinn, denn schon flutscht ihm die nächste Nummer raus – in die »*Welt*« vom 25. August 2001:
»**Ich bin eher ein Arno Schmidt oder James Joyce.**«

Und im Osten erzählt er jedem Redakteur, der es hören will – und alle wollen es hören –, daß er gebürtig aus der Niederlausitz stammt.

Aus der Niederlausitz!
  Und? Was hab ich gesagt?
  Kunze ist ein Ossi!

Gute Nacht.

Nachtrag:
  Direkt nach dem Duschen und Geschlechtsverkehr hat er's jedoch plötzlich mit der Realität:
  »**Ich wäre gern ein Hansdieter Hüsch mit E-Gitarre. So würde ich gerne alt werden: Als Geschichtenerzähler, auf den man sich verlassen kann.**« #

Yo! Wer wollte ihm da noch Knüppel in den steinigen Rock'n Roll-Weg werfen?
  Zum Wegwerfen!

(26. Aug. 2001)

Weißte, Kunze, wie de noch älter werden kannst? Als »Weizsäcker anner Triangel«.

An un für sich is et ne Bluse

»Eine alte Dame ging Hering«
von Rich Schwab
(Rede anläßlich der Buchpräsentation)

Hey, Rich, ich wußt' ja gar nich', dat du schwul bis', du alter Sack, du! Ha, ha, har! (Ja, ja, ich weiß, ich weiß: Der Autor ist nicht immer identisch. Na, eh wurscht.)

Meine Damen und Herren!
Liebe Freunde des gepflegten Geschlechtsverkehrs!
Hi, ihr Liebhaber aller geheiligten Alkohol-An- & Verkaufsstellen der zivilisierten Welt!
Liebe Fans von Punk und sonstiger Schöner Literatur!

Wenn Theodor W. Adorno unsern Meister Schwab noch hätte erleben dürfen, er hätte sich 'ne neue Negativitätstheorie zusammenkloppen müssen. Denn daß es doch – zumindest – *ein* richtiges Leben im falschen gibt, dafür ist nun Rich der richtige, quickyfidele Beweis:
Rich, die Negation der Negation der Negation von einer Negation, die fleisch- und pittermännchengewordene Kompromißlosigkeit, der und das Weltekel in una sancta persona, der letzte Mohikaner, der urige Brummbär, Humanist und Frauenhäscher – Rich, der einmalige Erfinder, copywriter und Chef der Ein-Mann-Punkband **»Smegma Pudding«**!

Gut, es ist natürlich Geschmacksache, wenn auf 260 prallen Seiten praktisch kein Satz vorkommt, in dem kein Alkohol vorkommt! Und selbstverständlich trinke auch ich hin und wieder gerne mal eine leckere Weinschorle; finde jedoch, lieber Rich, daß du es manchmal

ein klein wenig übertreibst. Da freut man sich geradezu über den Stoßseufzer auf Seite 174:
»Gibt's hier auch was anderes zu saufen? Ohne Alk?« Aber – wie gesagt – eben erst auf Seite 174, eine – wie ich meine – doch recht lange Durststrecke. Und ich kenne Leute, die haben schon über deinen Erstling gesagt:»Dassisa ssschofass Alllohoolva ha hamoosung!«

Ebenso verhält es sich mit dieser ernüchternd ewigen Fickerei und Popperei, z.B. Seite 228:
»Er strich mir die Haare aus dem Gesicht, griff nach unten und umfaßte meinen Sack. Sofort regte sich der kleine Hubert ...«, mein Jott! Und fährst dann fort:**»der kleine Hubert, der schon so lange so gar keine Rolle gespielt hatte.«**
An dieser Stelle kicherte ich, wie ein Schriftsteller halt so schriftstellern würde, leise in mich hinein; denn vor lauter Alkoholverschüttung hatteste ja glatt vier, fünf lange Absätze lang die janze jeile Vögelei verjessen!

Und eine Passage hab' ich – muß ich zugestehen – quasi gar nicht verstanden; vielleicht reicht auch mein mickeriges Erfahrungsdingens nicht aus; unter Umständen muß man dafür auch mehr rumgekommen sein. Du schreibst da:
»Er roch eher wie einer, der gerade eine Runde mit einem See-Elephanten getanzt hatte.«
Hm, ich ahne ja, was du uns da mitteilen willst, du agiler Schlawiner, aber »der mit dem See-Elephant tanzt«? Hatte der sich jetzt 'n Wolf geritten, oder war der ... ach, weißte, ich will 's auch gar nicht so haarklein.

Nichtsdestodingsbums fiel mir doch eine etwas gewagte Szene auf, und zwar die **»beim Kölner Buchversand** *Föhler & Kalckmann*«, wo **»Bübchen Klütsch«**, dein altes Ego, eine Zeitlang zum Bücherklauen immer mittags in die Kantine elstert und ihm von **»Stevie«**, der

dort malochen muß, das ganze Zeugs clandestin übergeben wird:

»**Dann tranken wir noch ne Flasche Bier** (was
sonst!) **und rauchten eine,** (was sonst!) **er ging wieder zurück zu seinem Job, und ich verließ ein paar
Minuten später die Kantine mit der gut gefüllten
Plastiktüte, mit der er gekommen war. Chandler,
Dostojewski und Loriot, Hammett, Kerouac und
Sempé, Langenscheidt, Nietzsche und Gernhardt,
Sartre, Anais Nin und Max Ernst, Tolkien, Spillane
und Janosch, Hemmingway, Dali und Luke Rhine-
hart, Böll, Highsmith und Dylan, Lennon, Beckett
und –ky, Krishnamurti** (Wer is dat dann eigentlich?)
Zane Grey und Henscheid, Wittgenstein (Der nu
wieder!), **O'Donnell und Boris Vian.**«

Oh, Rich! Samma, Rich! Echt alles in einer einzigen
Plastiktüte?? Ich weiß ja nich', wie dick die Klamotte
von diesem Krishnamurti is', aber allein »**die 45 Sam-
melbände von** *Märchen aus aller Welt*«, die nach dei-
ner Erzählung auch noch alle in die Plastiktüte getütet
gewesen sein sollen – welche Tüte hatteste denn da
vorher geraucht?

Nein, meine Damen und Herren, das war natürlich ein
kleiner Scherz von mir! Rich ist nicht nur ein fleißiger
Sammler und Jäger von allem, was nicht unter Immobi-
lie läuft, sondern auch ein punktgenauer Penibler! Vor
der langen Liste mit »**Chandler, Dostojewski, Loriot**«
und hänänä stand nämlich ein Punkt; und nicht wie in
meiner Phantasie ein Doppelpunkt – d.h.: die ganze
Mopserei zog sich demnach also über Wochen hin.

Nur: Der Kölner Buchversand heißt nicht »**Föhler &
Kalkmann**« sondern »Köhler & Volkmar«, aber – ich
schätze mal – so viel Kompromiß muß wohl sein in einer
Welt, in der *Kiepenheuer & Witsch* nicht nur den »Ich
eier mir den Restverstand aus der Birne«-Bestseller-
Driss unseres momentanen Kriegsverbrechers, Sorgen-

faltendackels und Außensuperministers unters Volk jubelt, sondern von dem Erlös auch noch ein hübsches Rock'n Roll-Buch von Bübchen Klütsch ermöglicht.

Was allerdings nicht in ein hübsches, garstig Rock'n' Roll-Buch gehört, Richimausi, ist deine Fußnote von Seite 259:
»**EXPRESS – einzig lesenswertes Kölner Presse- erzeugnis, schon weil es täglich erscheint und den Kölner vor der BILD-Zeitung schützt.**«
Mon cher Rich! Und nix für ungut, großer Christoph Ernst, du U-Boot im *EXPRESS*! Dort hätte ja wohl logo – ob der Rock nu' tot is' oder nich' – stehen müssen:
»*EXPRESS* – eine prima Boulevard-Schmiere, mit der sich nicht mal die eigenen Zeilenschänder aus dem Abort Dumont den Schließmuskel säubern; eine Kübel- kacke, die nur deshalb mehr gekauft wird als die Mutter BILD, weil sie es besser kann.«

Ansonsten, lieber Rich, – Krishnamurti jetzt mal außen vor – hatte schon Karl Marx dazu alles ausgeplaudert, was es auszuplaudern gibt, unter anderem auch über unser Spezialgebiet, den Rock, den rollenden:
»Der Rock ist ein Gebrauchswert, der ein besonderes Bedürfnis befriedigt. Um den Rock hervorzubringen, bedarf es einer bestimmten Art produktiver Tätigkeit. Sie ist bestimmt durch ihren Zweck, Gegenstand, Mittel und Resultat.«
Oder musikalisch expliziert: sex'n drugs'n rock'n roll. Aber an un' für sich is et ja Blues.
Bzw. 'ne Bluse. Bzw. Jacke wie Hose.
Gute Nacht.#

(5. Okt. 2001)

Rich! Ich hab den Richi nich' untergekriegt!

34

Jetzt machen sie's auch mit Kindern

**»Der Kanzler wohnt im Swimmingpool
oder
Wie Politik gemacht wird«
hrsg. von Doris Schröder-Köpf**

Liebe Leser!

Manchmal denkt man ja: »Wenn der Mann schon nix taugt ... vielleicht hat ja die Frau was drauf!« Also griff ich beherzt zu dem Schröder seine Doris Köpf ihr Kinderbuch, mußte aber nach einiger Zeit feststellen, daß sie nur das Vorwort hingekriegt hatte. Und das hat grade mal ganze anderthalb Seiten. Der Löwenteil des Buches geht auf das Konto von 26 andren Kindsköppen. Doch dazu später.

Meine Damen und Herren! Kennen Sie ein einziges Kind, daß sich außer für Spagetti, Pommes und Fröscheaufblasen auch noch für **»Hammelsprung« »Ratifizierung«** oder gar **»Gewaltenteilung«** begeistern täte? Oder anders gefragt: Ist Ihnen in Ihrem Bekanntenkreis jemals irgend so'n Fruchtzwerg aufgefallen, der den leisen Anflug von Interesse gezeigt hätte an den sogenannten **»großen Aufgaben politischer Parteien«** oder an Kinderschädel tatschende Pokemonster wie Weizsäcker und Rau und ausgewachsene Hirnzellenzerstäuber wie Schily, Möllemann und Rezzo Schlauch oder Laurenz Meyer, der böse Onkel?
Sehen se! Warum sollten auch Kinder auf was anderes abfahren als ihre Eltern!

Und weil man im Kinderamt ... Quatsch im Kanzleramt
weiß, daß selbst Erwachsene lieber 'nen fetten Frosch
aufblasen und Verona Feldbusch gucken, statt sich mit
unfaßbaren Reichstagserscheinungen wie »**Gewissens-
freiheit der Abgeordneten**« oder irren »**Debatten-
beiträgen**« zu belasten, ist das Ministerium für Kanz-
lergattin & Damenprogramm dazu übergegangen, sich
an kleinen Kindern zu vergreifen.

Denn wenn man bei Rot/Grün eines beherzigt hat,
dann die pädagogische Maxime Nr. 1: »Mit Mißbrauch
kann man gar nicht früh genug anfangen« und »Irgendwas bleibt immer hängen«:

»**Der Kanzler wohnt im Swimmingpool**«, herausgegeben von seiner aktuellen Frau und produziert von
dem letzten Aufgebot des Notkomitees »Intellijenz für
die SPD«.

Meine Damen und Herren, wer aber wie Doris Schröder-
Köpf voller Stolz eine furiöse Blitzmädel-Karriere vor-
weisen kann – von *Bild* über *EXPRESS* und *Focus* bis
hin zur blondesten Kanzlerstute aller Zeiten – wer mit
38 Lenzen sein Leben schon so komplett hinter sich hat,
der hat es nicht nötig, sich auf seine abgetakelten Tage
noch wichtig zu machen. Was will sie also?

Nu', in Deutschland war der Spruch »Du sollst es einmal
besser haben« immer schon ein Wink mit'm Zaunpfahl
und die Drohung mit dem Gegenteil. So dachte sich die
tödliche Doris: »Ich weiß was! Ich weiß was! Ich geh'
jetzt Kinder quälen! Und ich weiß auch schon, womit:
mit Politik, mit Politik!«

Da die Doris jedoch hauptberuflich keine Zeit hat und
immer irgendwo mit ihrem Gebiß in der Gegend 'rum-
stehen muß, köderte sie in geheimer Reichsmission 26
einschlägig vorbestrafte Sittenstrolche aus der öffentlichen Erwachsenenbildung, und keine 5 Minuten später stand es fest und vor ihr stramm, ihr volksdemokra-
tisches Schießbudenfigurenkabinett, die crème de la

crème des deutschen Unterhaltungs- und Politsadismus:

Amelie Fried! Huch! Lieber Krieg als Amelie Fried! **Uli Wickert** »Ich nehm' alles zurück. Versprechen... äh... versprochen is' versprechen... äh... versprochen!«, **Wolf von** und zu Langeweile **Lojewski**, **Claus** Legebatterie **Leggewie** und **Herbert** »Ach, du mein Vaterland« **Riehl-Heyse**. Und **Thomas Gottschalk**, der sozialdemokratischste Gummibär unter den Riesenlutschern, um erstmal nur einige zu nennen.

Liebe Eltern, ich kann Sie beruhigen. Falls Sie demnächst ihre Sprößlinge mitten in der Nacht mit 'nem Buch unter der Bettdecke erwischen, wird es wohl nur *Harry Schotter* sein oder ein feines von Habermas, vielleicht auch eines über die Rote Armee Fraktion, aber niemals »**Der Kanzler wohnt im Swimmingpool.**«

Wenn doch, dann kann mit Ihren Kindern irgendwas nicht stimmen.

Genauso wie mit den Autoren, die quer durch die Bank anscheinend zutiefst davon überzeugt sind, daß alle 10-13-Jährigen geistig behindert sind.

»**Beate Flemming**«, festangestellt beim *stern* für Politik und Wirtschaft, beginnt z.B. so:

»**Liebes Tagebuch, ich bin so blöd. Aber verrate es niemand.**«

Na, nu' is et raus! Aber besser ist noch: »**... verrate es NIEMAND!**« Gut, das mit dem Dativ ist nicht immer ganz so einfach, und blöd ist auch relativ relativ. Aber sie sagt ja selbst: »Ich bin so blöd!«

Genauso blöd wie »**Thomas Gottschalk**«, der sich in seiner beliebten authentischen Art für noch blöder als die blöden Blagen erklärt – und damit nebenbei der antiautoritären Erziehung ganz neue Dimensionen eröffnet. Und der Thommy fängt dann so an:

»**Ihr wißt ja, wie das ist, wenn man jemandem**

etwas erklären soll, was man selbst nicht ganz kapiert hat.«

Naja, aber so is' dat eben.

Oder »**Norbert Seitz**«, seines Zeichens promovierter Politologe, freier Publizist und Chefredakteur der *Frankfurter Hefte*! Der hat sich diesen Anfang ausgedacht:

»**Man kann sich den demokratischen Staat vorstellen wie eine große Familie mit vielen Onkeln und Tanten.**« Kann es für ein normales Kind eigentlich 'ne schlimm're Schreckensvision geben?

Wie gesagt: promovierter Politologe, *Frankfurter Hefte* ... frei geboren und Publizist geworden.

Und ausgerechnet der Generaloberstudienrat vom *heute journal* »**Wolf von Lojewski**«, die promovierteste Schnarch- und Schnabeltasse im ZDF, versucht einen auf witzig und legt los mit einem coolen, kecken Wortspiel, einem bemerkenswerten bonmot, einem geradezu – wie soll ich sagen – niegehörten aperçu:

»**Diäten. Schon das Wort ist lustig.**«

Letztes Beispiel: »**Sven Kuntze**«, der erbarmungslose Lila-Laune-Bär vom ARD-Frühstücksmagazin, zum Thema »**Vom Untertan zum Staatsbürger**« – eine Entwicklung, die er übrigens selbst mehr als erfolgreich zugelegt hat – allerdings in die andere Richtung.

Und der Eintrag ins Guinness-Buch ist ihm so sicher wie der Untertan im Staatsbürger und der Taliban im Vatikan, und zwar wg. ›Optimales Quatschpotenzial in einem Anfangssatz‹:

»**In der guten alten Zeit, so vor 250 Jahren, als die Männer Perücken und die Frauen Reifröcke trugen ...**«

Tu, ta war tie Welt noch gaanz gaanz toll, tu!

Bleibt nachzukarren, meine Damen und Herren:

Alle haben sich kräftig einen abgebrochen, richtig kindgemäß rüberzukommen. Und rumgekommen is' nich' ma' kleine Kinderkacke. Sondern nur graduierter Infantilismus summa cum laude. Anders ausgedrückt: große Kinderkacke.

Mit einer Ausnahme: »**Mainhardt Graf von Nayhaus**«, bekannt für sein tägliches Geschäft in der *Bild*-zeitung! Der hatte kein Problem mit seiner Schreibe; die mußte er ja auch nicht extra ändern.

Und so wäre nun mit der häßlichen Schlußpointe Mainhardt Graf von Nayhaus die Posse am Ende, hätte ich nicht noch drei megalustige Trümpfe im Ärmel: »**Matthias Beltz, Arnulf Rating** und **Elke Heidenreich**« (Ja, auch du meine Mutta Bruta!)
Verantwortlich – ausgerechnet – für »**Koalitionen**«, »**Kabinett**« und hahaha »**Gewaltenteilung**«.
Hey, ihr Lieben! Äh, nich' aus moralischen Gründen, nich' ma' aus hygienischen, aber Kinners! Tut man so was?
Ich weiß nur eins:
Nich' mal Rudolf Scharping wär' so naß[#] –
und tät' so was.

Nachtrag:
Liebe Leser, Sie werden vielleicht sagen: ›Schön und gut, aber der Gerd, wohnt der denn nu im Schwimmingpool?‹
Und da kann ich nur sagen: In dem Kröpf-Buch stand da nix von drin.
Gute Nacht.

(25. Okt. 2001)

[#] Wer war dat noch mal?

Onkel Huihuihui in der Biotonne

»Boulevard Bio – Die ersten 10 Jahre« hrsg. von Klaus Michael Heinz

Liebe Leser!

Über Bio ist eigentlich alles und genug schon gesagt worden. Deshalb soll er selbst noch mal nachhaltig zu Wort kommen:

»Hmmmmmh! Hmmmmmh!«
»Hui, hui, hui, hui, hui, hui, hui!«
»Neeeiiin, is' das toll!«

»Ja, ja, ja, ja, ja, ja, jaaah!«
»Hui, hui, hui, hui, hui, hui, hui!«
»Is' das wahr?«

»Hmmmmmh! Hmmmmmmh!«
»Is' ja nich' wahr!«
»Is' ja enorm!«

»Sie sind mir aber einer!«
»Hui, hui, hui, hui, hui, hui, hui!«
»Is' ja enorm!«

»Und Ihre Eltern? Was ham' die denn da gesagt?«
»Und was hat das dann mit Ihnen so gemacht?«
»Hui, hui, hui!«
»Is' ja enorm!«

Meine Damen und Herren, das alles ist natürlich nur ein Bruchteil dessen, was unser Medienweizsäcker Doktor Alfred Franz Maria Biolek im Verlauf seiner letzten 10 Fernsehjahre so durch die Röhre geschnattert hat. Und im Titel »**Boulevard Bio – Die ersten 10 Jahre**« steckt obendrein der dezente Hinweis, daß wir uns noch auf ein weiteres Jahrzehnt mit Bio freuen dürfen.

Bevor wir uns aber vor der dräuenden Zukunft in die Hose machen, wollen wir noch ein wenig die Vergangenheit verarbeiten.

Am 7. August 1991 um Punkt 23 Uhr kam das Drama in die Gänge. Seitdem hat unser emsiger Kulturpfuscher und Irrenarzt Dr. Alfred Biolek mehr als 1478 Patienten behandelt, d.h. nach bestem Wissen und Gewissen voll-, zu- und weichgelabert, und logo vice versa, mit dem Erfolg, daß nicht ein einziger als geheilt entlassen nach hause ging; was ja auch beabsichtigt war: Denn die Sendung sollte ursprünglich nämlich offiziell heißen: »**Bei Nacht und Nebel**«, »**Klappe auf**« bzw. »**Laberland**«. Da kann man mal sehen, wie selbstkritisch der Mann vor 10 Jahren noch war.

Auf den ersten 59 Seiten wird volles Rohr zunächst mal Lob gehudelt, gesudelt und gedudelt, daß die Rosetten nur so quietschen. Eine ranzige Hofschranze nach der ander'n schleimt sich durch den Sackbahnhof Bio, von »**Götz Alsmann**« und »**Beikircher**« über »**Blüm**« und »**Stuckrad-Barre**« bis hin zu »**Ma Anand Taruna**« alias »**Barbara Rütting**« alias »**Roger Willemsen**«.

Und dann liest man Seite 60 plötzlich einen seltsam depressiven Biosatz und faßt sich an den Latz: »**Durch das Fernsehen wird kein Mensch, aber viel Geist getötet!**«

Hui, hui, hui, hui, hui, hui, hui! Is' ja enorm!

Ausgerechnet die durchgenudelste Laberqualle und dienstälteste TV-Freudenfrau im scham- und würdelosesten Rotlichtmilieu der Bumsrepublik läßt einen solch schaurigen Pessimismus ab! Hey, Alfi! Was soll das denn sein?

Postpubertäre Provokation? Präsenile Angst vor Gott?
Ein Wickertscher Versprecher? Oder nur ein sinnlos in
die ARD eingeschlagener Gedankenblitz?
 Und sag jetzt bitte nich': »**Das is' ja enorm!**«

Ach, wurscht! Kehren wir zurück zu Bios Boulevard-
gemenschel, erschienen bei – na, wo wohl – *Kiepenheuer
& Witsch*, zurück zu den 1478 Bratpfannengestalten,
und zwar pars pro toto zu einer, die seit einiger Zeit als
sog. Wolfgang Thierse durch die Landschaft dackelt.
Als Hauptkriterium für die freundliche Aufnahme in
Bios televisionäre Geisterrunde gilt einzig & allein –
und ich zitiere noch mal Onkel Huihuihui persönlich:
 »**Eine Geschichte ist für mich dann gut, wenn sie
emotionalisiert. Denn wir mit unserer Sendezeit
um 23 Uhr abends haben ja einen ganz großen
Feind: das Bett.**«
Nun, wie man allerdings Wolfgang Thierse einladen
kann, wenn der größte Feind die Müdigkeit ist, bleibt
wohl ein wenig schleierhaft; aber emotionalisieren, das
kann er, der gewitzte Bartmann von hinter der Elbe.
 (Und schon, liebe Leser, macht sich wieder Trauer um
die Mauer breit.)
 Wolfgang Thierse in Amt und Würden und im Original zu Bio:
 »**Ich habe in meiner Anfangszeit viele Schlipse
zugeschickt bekommen und auch Kämme; viele
Briefe, die sich mit meinem Äußeren befaßten. Mir
schrieben also viele ganz freundlich: ›Herr Thierse, was Sie sagen, ist wunderbar, Sie sprechen uns
aus dem Herzen, aber Ihr Bart, Ihre Haare ... –
Könnten Sie nicht ... und 'nen Schlips müssten Sie
gelegentlich tragen, dann würde alles noch viel
besser wirken.‹**«

Und was sagt Bio dazu? Bio sagt:
 »**Das ist ja enorm! Hmmmmh! Hmmmmmh! Das ist
aber auch natürlich dieses Zeitalter, in dem wir**

leben, wo die Medien so eine große Rolle spielen und damit natürlich das Äußere.« Ja, ja, natürlich. Und so geht das 260 enorm arscherhellende Seiten lang.

Bis auf eine Stelle, liebe Leser, wegen der Sie das Buch von mir aus klauen können, aber nu' wirklich nicht extra kaufen müssen.

Madame Maybritt Illner fragt Bio, den Großfuton der koketten Ahnungslosigkeit und Kämpfer gegen die Müdigkeit:

»Bio, kennen Sie den Witz mit dem Franzosen, dem Engländer und dem Deutschen, die zu dritt kurz vor der Erschießung stehen und jeweils nur noch einen Wunsch frei haben?«

Darauf Bio jetzt nich': **»Das is ja enorm!«**, sondern schlicht und ergreifend: **»Nein.«**

Darauf Frau Illner:

»Der Franzose wünscht sich ein großes Essen. Der Deutsche wünscht sich vor seinem Tod noch mal eine große Rede zu halten. Und der Engländer wünscht sich – vor der Rede des Deutschen erschossen zu werden.«

Und was antwortet unser Bio?

Genau. **»Das is' ja enorm!«**

Gute Nacht.

(14. Nov. 2001)

Im Namen des Vaters, des Sohnes und des Hl. Weizsäckers

»1949 * 1969 * 1989 – Drei mal Stunde Null?« von Richard von Weizsäcker

Liebe Leser!

In Ewigkeit Amen.
Gute Nacht.

Nachtrag:
Man nennt es schlicht und schlecht »die gute Familientradition«: Seit mindestens 1000 Jahren haben die Weizsäckers – und immer bis zur Selbstaufgabe – jedem gottgewollten Regime, das so dahergeflattert kam, in allerhöchsten Positionen gedient, und jedes Mal nur, um – koste es, was es wolle – das jeweils Schlimmste zu verhüten; und wenn es auch nur darum ging, Kritik an ihrer Familientradition im Keim zu ersticken. So auch in Richards Memoiren »Vier Zeiten« anno '97. Selbst über 40 Jahre danach lag ihm die Verteidigung seines lieben Nazipapis mehr am Herzen, als die eigene Judenabneigung auch nur latent zu kaschieren. (s. »Vier Zeiten – Erinnerungen«, Seite 124-127).

Jetzt, wo Jahwe ihm immer näher auf die Pelle zu rücken scheint und der auch für aristokratische Schleimbeutel lebensnotwendige Populismus dementsprechend immer obsoleter wird, schwebt Richiboy, der mit allen christlichen Wassern gewaschene von Weizi, vollends über allen Wassern. Nu' is' der Mensch absolut göttlich geworden, und weh tut er nur dem, der von seinem haarsträubenden Gesalbe immer schon dicke Pickel kriegte.

44

Sein Lobgeseier auf die drei angeblichen Nullstunden 1949, 1969 und 1989 ist in seiner gewalttätigen Harmoniesucht derart niederschmetternd, daß man nach Atem ringt und aufs neue Fensterscheiben demolieren möchte.

Da »Häuptling 8. Mai« schon alles gewesen und geworden ist, was so ein deutsches Wesen hier nur werden kann, Herrenreiter, Christ, Jurist und Karrierist, Vadder Teresa und Bundesträne – und er ja kaum wieder von vorne anfangen kann (Nazis verteidigen und so), wird er künftig wohl oder übel die Weltherrschaft an sich reißen müssen, quasi als Küng of the world.

Und wenn seine ehemalige Giftklitsche *Boehringer / Ingelheim*, (mittels deren Agent Orange er '68 in uneingeschränkter Solidarität den USA behülflich war, Vietnam zu entlauben), tatsächlich eine Ewigkeitspille entwickelt hat, wird ihm via UNO, Nato, CIA, Karneval oder Halloween auch noch dieses Husarenstück gelingen.

Noch vor Joschka Fischer oder Glücksreiter Scharping.[#] Oder er läßt sich direkt ins All schießen.

Vorher aber noch eine nette Bemerkung zu seinem letzten *Siedler*-Buch: Im Gegensatz zu geschichtslosen Schwarzen Löchern wie Merz, Koch und and'ern Schmissvisagen scheißt er sich wenigstens alle paar Seiten wegen Wilhelm Zwo und Adolf Hitler 1,2,3 ins Hemd. Nicht ein Satz, liebe Leser, den ihm nicht die Muffe diktiert hat, das Ausland könnte wieder interessiert umme Ecke gucken!

Was will man mehr?

Was ihn angeht ... mir reicht es jedenfalls. Außerdem kommt der Knilch hier ja oft genug vor, oder?

(20. Nov. 2001)

Kennen se noch Scharping? Mein Jott, wie die Zeit vergeht!

Weiches Brötchen mit Hack im Hirn[#]

»Alles Buletti«
von Norbert Blüm

Liebe Leser!

Sich ernsthaft über einen Norbert Blüm auszulassen, verbietet allein schon die menschliche Würde. Nich' seine, sondern meine. Und wenn es sich zudem noch um seinen neuesten Klops, sein frappierendes Kochbuch »**Alles Buletti**« drehen soll, ist der Ofen vollends aus. Aber was frißt man nicht alles in sich hinein im Dienste der Aufklärung und für eine etwas bessere Welt.

Vorneweg ein paar entmystifizierende Worte an diejenigen, die Blüm, unsern unkaputtbaren Politklon und Homunculus der Christlichen Soziallehre nur in seiner aktuellen *Kabel 1* – Dauerrolle als Grabschänder von Robert Lembke kennen und bisher an all seinen literarischen Kapitalverbrechen unbeschadet bzw. blind vorbeigelatscht sind.

Norbert »Nobby« Blüm, der spaßigste Politiker seit Reichsflasche Robert Ley, war in Kohls 16 Glanzjahren nicht irgendwer. Sondern Stellvertretender. CDU-Vorsitzender.

Und Minister für Arbeit und Sozialklimbim.

Und vor allem war er nicht irgendein Idiot, sondern *der* Idiot der Regierung.

Alle wußten das und liebten ihn dafür, den Nobby, den Idioten der Regierung.

[#] Ausgedacht im Auftrag der *Süddeutschen Zeitung*.
Nicht abgedruckt auf Anweisung derselben.

Das Kapital lachte sich kringelig, die Kirche bepißte sich, und die Gewerkschaften dachten übermütig: »Och, wie süß, da kommt er wieder, der Idiot der Regierung!«

Daß Blüm darunter schwer gelitten hätte, gehört zu den lustigsten Legenden der Bonner Republik. Die durchgeknallte Komödie, die er zusammen mit Geißler, Süssmuth, Richard und anderen Jesus-Replikanten spielte, war sein Sinnen und Trachten, sein Ein und Alles, sein Apha und Omega, sein Ahh und sein Ohh.

»Die Würde des Menschen ist unantastbar« verwandelte er obsessiv in das menschelnde Gesetz: »Hauptsache, wir ham mal drüber gesprochen.«

Und so wuchs der niedliche Betroffenheits-Knubbel Nobby heran zum radikalsten Protagonisten und willigsten Vollstrecker der nivelliertesten Spaßgesellschaft auf deutschestem Boden – einer hippen Sippschaft, die eine sinnlose Type wie ihn deshalb so frenetisch bejubelt, weil sie sich eins weiß mit ihm und seiner Mischung aus infantiler Daseinsfreude und vergeigtem Leben, aufgeblasenem Rebellenposing und lammfrommer Einsicht in die eigene Null- und Nichtigkeit, ausgeflipptem Zwergenaufstand und täglicher Kapitulation vor der Wirklichkeit und der Vielfalt des Lebens.

Nach militant Moikmäßigen Marschier- und Wanderbüchern (»**Sommerfrische, Regentage inclusive**«), wunderlichen Kaspereien im Zirkus »Roncalli« und stalinorgeligem Dumm-Dumm-Geschwätz – und zwar aus allen TV-Kanälen, die ein gnadenloser Gott derzeit zuläßt –, markiert »**Alles Buletti**« nun den bis dato glamourösesten Höhepunkt von Blüms Versuch, eine nichtsnutzige Politikervergangenheit mit einer noch nichtsnutzigeren Existenz im Showbusiness zu krönen.

Guido is' dagegen gaga.

Nicht, daß die Rezepte aus »**Alles Buletti**« nichts taugten! Ich hab se nicht alle extra ausprobiert.

Bin ja nich' Blüm!

Auch gehört »**Alles Buletti**« nicht unbedingt wie sein gewaltfanatisches Horrorkinderbuch »**Die Glücksmargerite**« auf den Index. Es ist nur dieser tödliche Humor, dieser – Kohl würde sagen: unerträgliche – verschimmelte Schalk, diese Pest von Blümscher Witzigkeit, quasi Nobbys Leitkultur, die er ausgiebigst in seinen grandios nervabtötenden Zwischendurchgeschichten zum Besten gibt. Kostprobe?

Na denn, Sie ham's nich anders gewollt:

»**Sicher gibt es auch Gegner von Buletten. So wie es beispielsweise Gegner von Atomkraftwerken gibt. Natürlich nicht so viele. Dafür gibt es aber auch viel mehr Atome als Buletten.**« Höhöhö!

Ach, manchmal wünscht man sich, es gäbe mehr Buletten als Atome. Dann hätte die liebe Seele Ruh'. Oder die hier:

»**In Buletten läßt sich vieles verstecken. Notfalls auch Hackfleisch.**« Mein Jott.

Und auf der Stelle verstecken und verkriechen möchte man sich, wenn der selbsternannte »**Professor Norbert Schmecklecker**«, höhöhö, seinem Zwang frönt, sich mit 'ner tüchtigen Portion Zwergschulbildung zu schmücken. Dann läßt Blüm, der letzte Lehrer aller Zwergschulen und penetrante Mißbraucher von Schiller, Goethe, Marx und Churchill, einen Esprit spritzen, daß es nur so spratzt und sprotzt. Wilhelm II muß dann sagen:

»**Ich kenne keine Parteien mehr, ich kenne nur noch Buletten.**«

Aus Heinrich Heine macht er dann auch noch fixefaxe Feingehacktes:

»**Denk ich an Buletten in der Nacht ...**« usw.

Damit den Dr. Blödmann aber auch ja kein Trottel mißversteht, prangt des Rätsels Lösung immer breit und bräsig, schnöd und blöde direkt daneben.

Dieser ganze Stinker-Käse soll natürlich witzig, witzig

sein. Da ich aber Benjamin Blümchens bisheriges Gesamtœuvre einigermaßen kenne, hab ich nur auf seinen klassischen faux pas gewartet.[#]

Auf Seite 60 wurde ich dann fündig. Relativ harmlos, aber immerhin, schreibt Dr. Norbert Blüm auf seinem offiziösen Reichstagsabgeordnetenbriefpapier an einen **»Herrn Berner vom Akkreditierungssystem Prüfwesen GmbH«**:

> **»Ich habe den deutschen Außenminister bereits gebeten, bei der nächsten UN-Vollversammlung den Tagesordnungspunkt ›Buletten‹ anzumelden und mich selber angeboten, zu diesem TOP auf die Möglichkeiten hinzuweisen, die die Buletten von Rosi** (Blüms Berliner Stammfreßkaschemme) **im Rahmen des Internationalen Hungerprogramms leisten können.«**

Vielleicht sollte man zur Abwechslung unserem Sozialunikum und Superchristen Nobby, dieser Quarks-Ausgabe eines Albert Schweitzer, mal 'ne afrikanische Kinderleiche um die Witzboldohren hauen. Mit Rasta, Bastrock un' Bananen.

Oder – aus aktuellem Anlaß – 'ne afghanische.

Aber selbst das würd' wohl nix nützen. Denn Karl Kraus schrieb schon Anfang des letzten Jahrhunderts über den Spaßgesellschafter Norbert Blüm:

> »Wenn die Sonne der Kultur niedrig steht, werfen selbst Zwerge lange Schatten.«

Guten Appetit! Wohl bekommt's.

Nacht.

(26. Nov. 2001)

[#] Wen's interessiert: Die schon erwähnte **»Glücksmargerite«** war im übrigen ein solcher von vorne bis hinten. Eine prächtigere Ballung an Freudschen Fehltritten, infantiler Regression, Schuldkomplexen, Größenwahn und unbegriffener Zerstörungswut gegen alles, was ihm ähnlich sieht, kannt' ich bis dahin nich'. (siehe: »Bestsellerfressen II«)

Das Maß is voll

»Das Maß der Dinge«
von Edmund Stoiber und Friedrich Kabermann

(Beitrag für die ARD-Sendung »Monitor« vom 14.2.2002)

Liebe Leser!

Für viele feinfühlige Abendländler steht mal wieder – rumsti-pobumsti – der Untergang vor der Tür: Herr Stoiber will den Kanzler geben! Doch wird da garantiert nix draus werden, da so' ne Kanzlerfrage ja primär 'ne Frage der Ästhetik ist.

Und weil eben diesbezüglich eine alberne, präpotente Figur wie Stoiber reichsweit nur die Arschkarte ziehen kann, hat er nun ein langes Buch zusammengestottert mit dem überraschend philosophischen Titel:
»**Das Maß der Dinge**«.

Ja, Stoiber, der Philosuff! Überrrraschung! Denn wie wir Meister Ede bisher kannten, hätte ein Buch von ihm ja eigentlich heißen müssen: »Das Maß ist voll!«, »Die Maß is' leer!« oder »Von der Maas bis an die Memel«.

Die 285 extremphilosuffischen Seiten hat unser krachblonder Wichtigmann aus dem bayerischen Aua-aua-dorf, nein! Pardon! aus Oberauadorf, freilich nicht allein zu verantworten. Sie sind nicht mal auf seinem eignen Mist gediehen und gewachsen, obwohl sie strenggenommen natürlich danach riechen.

Nun, dieses ähm ... nein ähm ... ja ähm ... dieses, wie soll ich sagen? ... ähm Buch? Ja, dieses Ähm-Buch ist die in akribischer Kleinarbeit auf Vordermann gebrachte,

50

halbwegs lesbare Fassung eines »**intensiven Gedankenaustausches**« mit einem Herrn Friedrich Kabermann, einem – laut Verklappungstext – »**protestantischen Redakteur, Dramaturg, Autor und Verlagsleiter aus Bremen**«, von dem man nicht zu Unrecht noch nie was gehört hat.

Doch was soll's und worum geht's? Nun, in 1. Linie haben sich die beiden gegenseitig »**in mehreren einfühlsamen Gesprächen**« 'ne komplette Knopffabrik an die Backe gelabert, und zwar – wie das so ist, wenn man sonst keine Probleme hat – über Gott und die Welt:
Z.B. über »**die Politik als Kunst des Möglichen**«, über »**die mündige Bürgergesellschaft**«, und »**daß der Mensch heute in der Lage ist, den Planeten Erde unwiderruflich zu zerstören**«, eijeijei! Mal was ganz was Neues! Dann über diese fiese, miese »**egomanische Spiel- und Spaßgesellschaft**«, über seine »**menschlichen Gene**«, »**die res publica**« und »**die polis der alten Griechen**«, »**Protagoras**«, »**Bismarck**«, »**Kant**« und »**Adenauer**« und über Papst Popofick den Nichtganzwasserdichten Wasweißichwievielten, über »**den Sinn des Lebens**«, »**die Heimat**«, »**die Familie**« und »**den Stolz, seit 35 Jahren mit der selben Frau verheiratet zu sein ...**«, Glückwunsch! Mit und um Gottes willen! und über »**die Demonstrationsfreiheit, eines der wichtigsten Rechte unserer Zeit**«, näh, wat hammer jelaacht! und »**daß der Markt dem Menschen dienen muß, und nicht der Mensch dem Markte.**«
Also alles in allem das uralte, unrasierte Altphilologengebräse und irreversibel selbstverliebte Sonntagsgeseier, welches nur beweisen soll, daß auch ein fescher Rassentheoretiker mit Gamsbart und Vollmeise 'nen mittelschweren Weizsäcker anner Waffel haben kann.

So hat unser Stotter-Spezi aus Bayern diesmal nicht wie sonst nur simpel in hohlen Holzköppen der NPD gewildert! Diesmal wollte er auch Leute ansprechen, die lesen können. Und auf so Sätze stehen wie auf Seite 93:

»Politik für die Menschen – ich wiederhole das – muss Politik für Herz und Verstand sein.«

Dabei hatte er das bis dahin noch gar nicht gesagt! Doch dafür holt er das gerne Seite 132 nach:

»Politik muß nicht nur eine Verstandes-, sondern auch Herzensangelegenheit sein.« Und was fügt er hinzu? Genau: **»Das kann ich immer nur wiederholen.«**

Seite 204 dringt er noch tiefer in die Materie ein, wird selbst ein wenig komplizierter und sagt:

»Dabei wird die Politik selbst immer komplizierter, zumal es meistens nicht allein um Verstand, sondern um Herz *und* Verstand geht.«

Seite 208 kommt er auf der anderen Seite der Materie wieder raus und läßt sein anderes Ego verkündigen:

»Ich will mich gerne wiederholen: Politik mit Herz und Verstand.«

Und auf Seite 267 steht dann für alle, die es bis dahin womöglich überlesen haben:

»Deshalb wiederhole ich meine Devise – Politik mit Herz und Verstand.«

Auch schön sind die Stellen, wo er die Metaphern kriegt – und sich z.B., bis der Arzt kommt, über den sog. **»Garten des Menschlichen«** ergeht. Da sieht man ihn förmlich vor sich, den Meister Ede, wie er durch den Garten Eden tapert und in den Rhabarber rhabarbert:

»Das Vertrauen der Menschen in den Politiker ist der Humus, in dem die Blumen, die Pflanzen, die Bäume, das gesamte Biotop wachsen und gedeihen.«

Ja, ja.

Und wenn man so erst auf der Parasiten- und Bazillenebene gelandet ist, dann dauert's auch nicht mehr lang, bis allerliebster Humansülze zum Trotze der original gestoiberte Gartenzwerg als Herrenmensch durch

52

die Buchsbäume bricht – etwas verschwiemelt und verpfafft zwar, doch immerhin:

»Der Politiker als Gärtner braucht Spaten und Schere. Und wenn nötig, muß er dem Unkraut zeigen, was eine Harke ist.« Hahahar.

Da aber unserm Sensenmann Stoiber sonst so rein gar nix einfallen will, was Schröder nicht auch besser machen könnte, ruft er alle zwei Seiten nach dem lieben Gott und den **»christlichen Werten und Traditionen des Abendlandes.«**

Und das wollte ich Sie immer schon ma' g'froagt hoam, Herr Stoiber: Wer oder was sind das eigentlich, diese **»christlichen Werte und Traditionen des Abendlandes«**? Folter, Rübe ab und Halleluja? Oder Dogmen, Bullen und Hosianna! Weihrauch, Teer und Weiberfastnacht? Oder Juda verrecke, Hep! Hep! Hep! Hurra! und Holocaust ... und alle 500 Jahre: ›Meine letzte Beichte war vor 500 Jahren!‹

Oder doch alles zusammen?

Gespickt mit bißchen Scheiterhaufen, Helau und Oktoberfestsaufen?!

Is aber auch vielleicht egal. Denn heute kömmt es darauf an, so Stoiber von Seite 5 bis Seite 285, **»die Wirklichkeit genau zu erkennen.«**

Und dafür, meine Damen und Herren, brauchen Sie weiß Gott nicht dieses Buch. Dafür reicht es vollkommen, schon morgens beim Aufwachen die Augen aufzumachen.

Und falls Ihnen das zu anstrengend ist, werfen Sie einfach mal 'n kurzen Blick in die 7 lustigen Bände von Karlheinz Deschner »Kriminalgeschichte des Christentums«.

Oder in irgendein *Mickey Mouse*-Heft. Völlig wurscht. Gute Nacht.

(6. Feb. 2002)

Nachtrag:
Geschrieben im Auftrag von »*Monitor*«; auf Anweisung von »*Monitor*« dann aber nicht gesendet. (Man wiederholt sich halt gerne).

Falls Sie, liebe Leser, »*Monitor*« am 14.2. 2002 verfolgt haben und sich also nicht erinnern können, die Stoiber-Nummer gesehen zu haben, liegt das nicht an Ihnen, sondern daran, daß es sie quasi gar nicht gab.

Die Redaktion wollte sehr wohl, nur die Chefredaktion nicht so richtig. Nicht jetzt wegen »Holocaust, Papst Popofick und Hopsassa« – das hatte ich Frau Miekisch alles schon im Vorfeld gestrichen.

Nein, die Chefredaktion sagte bei der Textabnahme: **»›Von der Maas bis an die Memel‹ – der Stoiber ist doch kein Nazi!«** Worauf die Redaktion mit den Worten reagierte: **»Moment! ›Von der Maas bis an die Memel‹ – das ist doch kein Nazi-Lied! Das ist doch unsre Hymne!«** Worauf die Chefredaktion antwortete: **»Trotzdem! Und außerdem ist mir so was wie ›krachblond in Aua-Auadorf‹ zu grob und alles insgesamt nicht intelligent genug. Allein der Begriff ›Rassentheoretiker‹ – der Stoiber ist doch kein Nazi!«**

Die Chefredaktion und ich, wir hatten an dem Tag zum ersten und letzten Mal zusammen das Vergnügen, und ich wollte nicht grob werden. Deshalb hab ich auch nicht gesagt, daß der Begriff ›Rassentheoretiker‹ natürlich ein Scherz sein sollte. Ebenso sprach ich auch nicht: Wenn man ihn andernfalls ernst nähme, setze man allerdings voraus, daß es verschiedene menschliche Rassen gäbe – den Neandertaler mal außen vor, der ja ausgestorben sein soll. Und weil es also nur 1 Rasse gäbe, gäb's nun mal auch keinen Platz für einen Rassentheoretiker.

Zumindest war ich davon immer ausgegangen. So lernt man halt auch was durch »*Monitor*«, ohne »*Monitor*« gesehen zu haben.

(15. Feb. 2002)

Tabubrecher im Endstadium

»Im Krebsgang«
von Günter Grass

Liebe Leser!

»Warum ersst jetsst, sagte jemand, der nicht ich bin. Weil Mmutta mir immer wieder.
Weil ich wie damals, als der Schrei überm Wasser lack, schreien wollte, aber nicht konnte. Weil die Wahrheit kaum mehr als drei Zeilen. Weil jetsst erst.
Noch haben die Wörter Schwierigkeiten mit mir.

Das hört man.
Jemand, der keine Ausreden mack, nagelt mich auf meinen Beruf fest. Schon als junger Spund hätte ich, fix mit Worten, bei einer Springer-Zeitung volontiert, bald gekonnt die Kurve gekrickt, später für die tats Tseilen gegen Springer geschunden, Du bis' ja 'n ganzganz harter! mich dann als Söldner von Nachrichtenagenturen kurtss gefasst und lange Zeit freiberuflich all dass zu Artikeln verknappt, was frisch vom Messer gesprungen sei, täglich Neues, Neues vom Tage. Hilfe!
Mack schon sein, sagte ich, aba nichts anderes hat unsereins gelernt.
Wenn ich jetzt beginnen muß, mich selba abzuwickeln, wird alles, was mir schiefgegangen ist ...«

Schiff ahoi!
Gute Nacht.

Nachtrag:
An dieser Stelle gilt mein herzlicher Dank Wiglaf Dro-
ste, aus dessen *taz*-Kolumne ich dieses logopädiever-
dächtige Grassgekröse und Weizsäckerdelirium kurzer-
hand abgeschrieben habe.

Man quält sich ja durch manchen Müll.
Abawatnichmutt,
datmuttaunich.

(18. Feb. 2002)

Die letzte Rache der Latzhose

»Anleitung zum Unschuldigsein«
von Florian Illies

Liebe Leser!

Daß in den Achtzigern grüne Latzhosen-Eltern ihre quengelnde Latzhosen-Brut unbedingt auf jede Latzhosen-Demo mitschleppen mußten, ging mir schon damals auf den Sack. Jedesmal, wenn man einen Polizisten verhauen wollte, mußte man höllisch aufpassen, daß einem nicht irgendein redundantes Balg dazwischenquatschte: »Was machst du da mit dem Onkel?« und »Warum hast du keine Latzhose an?«

Na, die Zeiten sind Gottseidank vorbei, doch die Folgen werden heut' erst virulent. Es ist immer dasselbe, wenn Kinder zu irgendwas gezwungen werden – ob nun zum Niederknien in Gottes vermöfften Ruinen oder zum Besänftigen unruhiger Bullen, zum leere-Colabüchsen-Sammeln in den Stadtwald oder eben zum Tragen von Latzhosen ... Kindsmißbrauch heißt in 99% aller Fälle: Am Ende wählen sie FDP!

Das Schlimmste aber ist: Sie sind heute im schreibfähigen Alter! Und so kloppen (wichsen?) sie unschuldige deutsche Buchstaben zusammen und nennen es ›Popliteratur‹.

Das macht die Burschen nicht angenehmer als Karlchen – Björn Hergen Würg Kotz Schimpf –, aber man weiß wenigstens, woran man ist.

Die meisten von ihnen haben sich in ihrer Notdurft organisiert. Als junge Liberale. In einer bekannten, pickelproduzierenden Gruppierung für Besserverdienende. Sie schnöseln sich durchs Leben oder faseln professionell tagein, tagaus die Frankfurter allgemeine *FAZ* voll – und der größte *FAZ*ke aller Zeiten heißt Florian Illies.

Florian Illies, 30 überflüssige Jahre alter, »**offen weiße** *Boss*-**T-shirts**« tragender Cheflenker und Schriftleiter der Berliner Reichskulturwäscheklammerbeutelfraktion vonner *FAZ*, hatte sich bereits 2001 den Titel »**Generation Golf**« aus'm *Hugo*-Hosenlatz gezwiebelt. Nun hat er nachgelegt und aus billigen Baumbeständen sein 2. Ding gedrechselt:
   »**Anleitung zum Unschuldigsein**«, Untertitel: »**Das Übungsbuch für ein schlechtes Gewissen**«, eine bitterbitterböseböse, supiironische, böseböse Generalabrechnung mit dem grünen Latzhosen-Moralin von Mama un' Papa. (Und die haben ja auch nichts Besseres verdient – als besserverdienende Kinder.)

Daß der Untertitel »Übungsbuch *für* ein schlechtes Gewissen« lautet und nicht »*gegen* ein schlechtes Gewissen« – was zumindest etwas Sinn gemacht hätte –, zeigt schon an, daß der Flori in Wirklichkeit kein *Anti*-Typ ist, sondern eher *für* alles Mögliche, vor allem dafür, möglichst oft den Ausdruck »**schlechtes Gewissen**« in den Text zu tippen.
   Und das geht so:
S. 24: »**Dafür braucht es ein jahrelang trainiertes schlechtes Gewissen.**«
Selbe Seite: »**Schon nach wenigen Minuten wird jeder sein schlechtes Gewissen spüren.**«
Selbe Seite: »**Denn die Stimme des schlechten Gewissens kennt keine anstrengenden Worte.**«
Selbe Seite: »**Früher kannte die Stimme des schlechten Gewissens noch bohrende Fragen.**«

S. 25: »**Denn im Grunde hatte das schlechte Gewissen natürlich Recht.**«

Und natürlich gnadenlos direkt dahinter: »**Hinter dem Lenkrad packte einen unerwartet das schlechte Gewissen.**«

Jetzt ahnt man auch, meine Damen und Herren, warum die sich »Popliteraten« nennen. Pop, pop, pop. Pop, pop, pop. Doppelmoppelpop.Möllemännersabbelhoppelpoppelpop.

S. 26: »**Es ist das schlechte Gewissen vor einem selbst.**«

Selbe Seite: »**Noch komplizierter wird es, wenn man für das schlechte Gewissen eines ganzen Landes büßt.**« Oha, jetzt wird's kompliziert!

S. 27: »**Die Manie, jene Orte, die mal deutsch waren, mit polnischen Namen zu versehen, ist eine wunderbare Ausgeburt des schlechten Gewissens.**«

Halt, pop, Stolizei!

Unser 30-lenziger Stahlhelm mit der vaterländischen Doc-Martin Walser-Nase riecht nämlich den massenhaften »**deutschen Selbsthass**« nicht nur in jeder grünen Latzhose und an jeder Straßenlaterne ganz unten, sondern auch aus allen Schulbüchern und den Anzeigetafeln der Flughäfen heraus:

»**Wer von Frankfurt nach Krakau fliegen will, muß nach Krakowe suchen, und Königsberg heißt pflichtschuldig und schuldbewußt und bis in alle Ewigkeit Kaliningrad.**

Nur Roma heißt Rom und Nice Nizza (und Paris Paris)**, aber dort haben wir im Zweiten Weltkrieg ja auch kein Unheil angerichtet.**«

Die Erde kreißte und gebar ein Mäusehirn –
ein Mäusehirn aus 100% FDP.

Seite 34 kommt es ihm gleich fünf mal, »**das schlechte Gewissen**«, und Seite 35 sechs mal; aber komischerweise von 36 bis 38 kein einziges Mal, was wohl daran liegt, daß 37 ein neues Kapitel beginnt und die Seite 38 eine Leerseite ist, und Seite 36 folgende, von insgesamt 41 Übungen steht (Is ja schließlich ein Übungsbuch):

»Heute gehen wir zu einem selten frequentierten Taxistand, an dem die Taxis besonders lange warten müssen, steigen ein und beißen so in unseren mitgebrachten Hamburger, dass besonders viele Zwiebelringe, Salatblätter und Mayonnaisetropfen auf den Sitz gelangen.

Dann sagen wir zum Taxifahrer anerkennend: ›Sie haben es ja ganz schön weit gebracht.‹ Wir fahren 500 Meter und brüllen dann bei 3 Mark 90, der Fahrer möge uns hier endlich rauslassen.

Dann geben wir ihm 3 Mark 90 und sagen: ›Stimmt so‹.«

Tja, so isse eben. Unsere jungliterarische Avantgarde, die müpfigen Enkel von Weizsäcker, Grass, Böll und Niedecken, die geistige Speerspitze der Deutschen, die virile Info-Elite, der letzte Scheiß.

Korinthenkacker zählen nicht zu den amüsantesten Entertainern. Totzdem: exakt 350 **»schlechte Gewissen«**, 233 **»Schuldgefühle«**, 28 **»Gewissensbisse«** und 33 mal **»Gewissenspein«**.

Liebe Leser, Sie mögen nun sagen: »Nun ja, is' ja doch etwas langweilig. Aber ... so isse eben. Die FDP.«

Nun ja, is' vielleicht n bißchen übertrieben.

Nur: Florian Illies, der Fuzzy von der *FAZ*, wäre nicht Florian, der Fuzzy vonner *FAZ*, wenn er sich dort nicht vor allem durch folgende Stoffwechselübung in die höchste Asi-Etage hochgebissen und -geschissen hätte. Seite 160:

»Wir müssen endlich aufhören, die soziale Gerechtigkeit zur heiligen Kuh zu machen.«

»Heute fahren wir mit einem Mercedes der S-

Klasse und einem Sylt-Aufkleber auf dem Heck in ein brandenburgisches Dorf, wohnen dort in der Suite des Schlosshotels und fahren im Schritttempo durchs Dorf.

Wenn wir einen Dorfbewohner sehen, lassen wir mit dem automatischen Fensterheber die getönte Scheibe etwas herab und überreichen ihm einen Aufkleber mit dem Hinweis ›Eure Armut kotzt mich an‹.

Dann fahren wir langsam weiter.«

Tja, wat willse machen? FDP.
Gute Nacht.

(21. Feb. 2002)

»Und eine kakophonische Nervensäge bin ich heute schon!«

»Älter werde ich später«
von Iris Berben

Liebe Leser!

Man kann nicht grad behaupten, daß es sich bei der folgenden Verbalbulimie um ein Verbrechen gegen die Menschlichkeit handelt. Das Buch ist nur so überflüssig wie 'ne Warze. Und deshalb mußte es auch besprochen werden.

Meine Damen und Herren!
    Kein Mensch hat was gegen schöne Frauen. (Nicht mal Richard). Problematisch wird's nur bei Iris Berben, wenn sie den Mund aufmacht oder zum Griffel greift. Und Iris Berben gehört hier zu den national, wenn nicht sogar interplanetar renommierten pathologischen Fällen.
    Für ihre Filmtexte kann sie ja nix. Für ihr Aussehen au' nich' – das ist halt ihr Job. Nein, die Rede ist von ihrem Riesenbüchlein mit dem Titel »**Älter werde ich später**«, einem Titel, bei dem man geneigt ist hinzuzufügen: »und eine kakophonische Nervensäge bin ich heute schon!«

Als Feminist der ersten Stunde weiß ich natürlich um die Unbill des menschenverachtenden Weiblichkeitswahnes, ja, des ubiquitären Weiblichkeitsterrors dieser miesen menschenverachtenden miesen Machogesellschaft. Hach, ich leide ja selber darunter! Huch, herrjeh!

Nur, wenn eine Iris Berben Lichtjahre, ja, Jahrhunderte hinter solch vollfett verlogene Frauendarsteller wie Uschi Glas, Hera Lind und Josefa Ratzinger zurückfällt, was soll man dann da als moderner Frauenversteher denn dazu so sagen?

Vielleicht: ›Einfach mal die Schnauze halten!‹?

Nein, zwecklos!

Nasse Betriebsnudel bleibt nasse Betriebsnudel, und Schweigen is bei Iris Berben nicht mit drin.

Also:

Talk, talk:

»Wie alle Menschen wünsche ich mir, irgendwann unverhofft und ohne Schmerzen zu sterben« ... und vorher noch ein Buch zu schreiben!

Ach! Und ich dachte immer, wenigstens in diesem Punkt würde sie sich etwas von der Masse unterscheiden!

Na ja, et is halt ein frommer Wunsch, der auch in Ordnung geht bzw. in Ordnung gehen sollte – für alle und gegen jeden.

Aber vorher will Frau Berben die Welt noch ein wenig malträtieren mit Lobpreisungen ihres Hohlkörpers und der Seligsprechung sanften Visagenliftings:

Hier hammer die janze Palette von **»Feeling«** bis **»Peeling«**; von **»Püderchen«** hier und **»Püderchen«** da; **»Gesichtsentspannung«** und Hirnentleerung, **»Antioxidanzien«** und **»Schleifpartikel gegen tote Schüppchen«**, **»Schwachstrom, um die Haut zu glätten«**, und **»Volldampf aus dem Vapozon«**, **»Besenreißen«**, **»Nasenmasken«** und alte **»Schwangerschaftsstreifen«** aus 'ner ganzganz tollen Zeit; **»Lachen, Lachen, Lachen«** und **»viel, viel Feuchtigkeit«**, Radebrechen aus dem Bauch und **»Anti-Aging«** von morgens bis zum nächsten Morgen. Und einparken kann se wahrscheinlich auch nich'.

Also: Die Große Berben-Biographie, auf die wir alle so sehnlich gewartet haben! (Über ihre wahnsinnig tollen und vielen Filme erfährt man überraschenderweise gottseidank gar nix.)

Ran an den Speck:
»Thema: Unterspritzen der Lachfältchen! Eigenfett oder Kollagen von BSE-freien Rindern wird mit feinen Kanülen direkt unter die Falten injiziert.«
Okay, manche afrikanischen Kralneger hauen sich sogar umgekehrt Kerben ins Gesicht. Corriger la fortune! Wie der Franzose sagt. Pourquoi pas?
Doch den Verdacht, daß der langjährige Visagist von Iris Berben das Zeugs eventuell zu tief in Iris' kleines Köpfchen kanült hat, wird man bei der Lektüre irgendwie nie ganz los:
»Zu meinem Kummer stelle ich in der letzten Zeit an mir fest, daß ich einen leichten Hang zum Doppelkinn habe.«
Na, noch ein halbes Pfund BSE-freies Rind ins Hirn – wegen mir auch halb und halb! – dann kann se bald wieder »Sketch up« drehen und problemlos dumme Nüsse mimen, ohne ihre ach »**so empfindliche Schauspielerhaut strapazieren zu müssen**« durch Verspachteln von ›Spachtel‹, der Spachtelmasse für empfindliche Schauspielerinnenhäute! Denn Komik kommt ja bekanntlich von innen!

»In der Schule galt ich als frech und undiszipliniert – ich hatte einfach zu viele eigene Ideen.«
Hm. Das läßt sich jetzt nach so vielen Jahren nicht mehr gut beweisen. Mag ja sein. Nur wie läßt es sich dann erklären, daß der ganze geliftete Schinken von Frau Berben zu 50% aus ganzseitigen Photos besteht, auf denen sie einzig & allein als hyperaufdringlicher Ganztagslachsack durch's Bild gewackelt ist, und der Rest restlos aus der Feder von zwei besonders extrem intelligenten Angestellten des »*Mosaik*-**Verlages**« floß!

Wenn man mal von den schicken Aufsätzen absieht, die zusätzlich noch die »**Kosmetikerin**«, der »**Zahnarzt**« und der »**Hormonspezialist von Frau Berben**« da reingebuttert haben. Und – man glaubt es kaum – ihr »**Friseur**« war auch so frei! Die 4 Friseure!

Und das erhellende Kapitel über bewußtseinstrübende Drogen und ihre exorbitante, wilde 68er Zeit hat ihr wahrscheinlich Bill Clinton reingelümmelt. Oder Friedrich Merz. Oder irgend so 'ne durchgeleuchtete Lama-Mütze vom Dach der Welt:
   »**Lange Jahre meinte ich, nur mit Schlaftabletten zur Ruhe zu kommen. Heute achte ich darauf, gleichmäßig und tief zu atmen.**
   (Regieanweisung: Tief, ganz tief durchatmen!)
   Oder ich lese mich in den Schlaf.
   Atmen!!!
   Manchmal bin ich fast dankbar für ein paar schlaflose Stunden, um von den vielen Büchern, die ich mir immerzu kaufe, mal wieder ein paar Seiten lesen zu können.«
... hmmm
... in den Schlaf lesen ...
... mit paar Seiten ...
... von den vielen Büchern ...
... die sie sich immerzu kaufen tut ...
... um keinen Doppelkopp zu kriegen ...
... trotz dummem Hang zum Doppelkinn ...
   Mein Gott! Taff taff, taff die Frau! Und das kurz vor ihrem ... ach, lassen se mich raten ... 70sten!
   Kollagen im Kopp, und alles wird gut.
   Gute Nacht.

(8. März 2002)

Kommt 'ne Frau beim Arzt, 'ne

»Das sexuelle Leben der C. Millet«
von Catherine Millet

Liebe Leser!

In Fronkreiisch, da kennt man diese Frau.
Wenn man das mal so sagen darf, öhö.
Da kann man sich das vorstellen, daß die da alle
Schlange steh'n, um sich das karnickelige Leben dieser
Hochkunstschnalle zu erwerben.

Die ist da drüben nämlich oh la la und hauptberuflich
Pariser Kulturschockschickimicki und – wie man sagt –
Produzentin allererster Qualitätssahne.
Une productrice de crème d'une qualite extraordinär.
La premiere adresse de Paris.
Ein kurzer Spritzer vom Elysee-Palast entfernt.
Die kennt da jeder.
Die kennt da jeden.

In Deutschland wär' das, glaub' ich, undenkbar. Von
wünschbar ganz zu schweigen. Eher würde der Papst
sein perverses Verhältnis mit der Jungfrau Maria an die
große Glocke hängen, als daß Vergleichbares in diesem
Lande passierte.

Dennoch haben sich ca. fünf Millionen hier das sexuelle
Leben der Catherine Millet gekauft, um zu erfahren, wie
die tickt und fickt.
Wer sind die?
Morgens um halb zehn in Deutschland?
Nein, ich will es gar nich' wissen.

66

Gut, man kann sich auch verkaufen.

Und der Literaturgott in Frankreich, seines Pinselzeichens Bernard Pivot, versprach steif und fest in ihrem Klappentext:

»Dieses Buch wird ein Klassiker der französischen erotischen Literatur.«

Hm. Ich sag' ma' nix. Ich zitier ma' nur wahllos aus Madames Ding heraus:

»... weil: In einem Hohlweg vögelt man mit weniger Risiko als in einem Hauseingang.« Oder so:

»... während sein Schwanz mich dabei sanft und lange pflügte.« Oder so:

»... zogen wir die Hosen aus und vögelten ausgiebig und tief.« Oder so:

»Die Männer kamen nacheinander herein. Ich hockte und lutschte oder lag mit angewinckelten Beinen ...«

Undsoweiterpiffpaffpuff.

Auf jeder Seite 70 mal zwanghaft Klaus Kinski hoch 10! Aber ohne dessen liebreizenden Charme.

Okay, ein aus dem sexuellen Zusammenhang gerissenes sexuelles Zitat ist vielleicht nicht fair. Andererseits: Ich könnte den gesamten Riemen rauf- und runterzitieren, dann hieße es immer noch: ›Is' doch aus dem Zusammenhang gerissen!‹

Und deshalb noch 'ens:

»Ich erhob mich auch über Vorurteile und Tabus. Ich begnügte mich damit, meine Partner nicht selbst aussuchen zu müssen, es war mir egal, wie viele es waren (unter den Umständen, wie ich mich hingab, hätte ich meinen Vater nicht wiedererkannt, wenn er dazugehört hätte), und so wie ich auch einen ungewaschenen Mann nicht ablehnte, vögelte ich in vollem Bewußtsein auch mit drei oder vier körperlich und geistig Behinderten.«

Chapeau, Madame! Alle Achtung! Respekt! Da gehört schon was zu – Idioten und Gehandicapte ficken!

Fragt sich nur, wer hier wer war.

Allein den klassischen Fick mit Viechern und Fakälien hatse – sagtse – ihrer Phantasie überlassen. Denn da stand wohl ein freundlicher französischer Staatsbulle dazwischen.

Aber sind jetzt Grass und Katz und Maus wesentlich besser? Ich weiß es nich'. Doch was is' es dann?

Mesdames et Monsieurs, c'est le dernier cri, das letzte Geschrei! Es ist ›Neurealismus‹!

Sog. ›gallischer, galliger, postgeiler Neorealismus‹!

Nee, nee, meine Damen und Herren, von 'nem anständigen Porno erwarte ich persönlich zumindest 'nen kleinen Schuß Verstand. Und das ist doch auch kein Kunststück! Weil: bei 'nem anständigen Porno ist der Verstand doch sowieso immer inner Hose! Aber nich' unbedingt immer im Arsch.

Und unterm Strich: Auch Adorno würd' Ihnen da nicht weiter zur Hand gehen wollen.

So leid's mit tut: Mir sind bei diesem Erotik-Debakel nur die Fußnägel eingepennt. Et c'etait tout, das war's.

Ah! Achso! Pardon! Provokation!? Provokation hieße dann wohl, daß man sich während dieses phantastischen Rammel-Marathon immer hübsch Mme M. dazudenken sollte.

Und das, meine Damen und Herren, das hätte dann fast schon was von repressiver Toleranz!

Das wäre denn wahrlich des Guten zu viel.

Da lese ich lieber Weizsäcker oder die 69 Osterpredigten vom Herrn Kardinal ›archevêque‹ (sprich: Arsch weg) Meisner.

Gute Nacht.

(13. März 2002)

Zum Quieken

»Die Mäusestrategie für Manager – Veränderungen erfolgreich begegnen« von Spencer Johnson

Liebe Leser!

Ziehen Se sich die Schuhe aus, beugen Se sich gen Westen und verharren Se in Socken, Ehrfurcht, Mitleid und Erbarmen:

»Die Mäusestrategie für Manager!«

»Über 11 Millionen Mal verkauft, in 26 Sprachen übersetzt, ein Spitzentitel der internationalen Bestsellerlisten.«

So, und jetzt machen Se sich'n bißchen locker, a little bit weizsäcker und glaubense ruhig alles, was nu' abgeht:

»In einem weit entfernten Land lebten vor langer Zeit vier kleine Wesen in einem Labyrinth. In diesem Labyrinth liefen sie unaufhörlich herum und suchten nach Käse, der sie satt und glücklich machte.

Zwei der Wesen waren Mäuse namens ›Schnüffel‹ und ›Wusel‹, und zwei waren Zwergenmenschen – Wesen, die so winzig wie Mäuse waren, aber ganz ähnlich aussahen und sich ähnlich verhielten wie die Menschen von heute. Sie hießen ›Grübel‹ und ›Knobel‹.

Die Mäuse und das Zwergenpaar verbrachten jeden Tag im Labyrinth und suchten dort nach ihrem ganz speziellen Käse.

So verschieden die Mäuse und die Zwergen-Men-

schen auch waren, eines hatten sie gemeinsam: Jeden Morgen zog jeder von ihnen seinen Jogginganzug an und verließ seine kleine Wohnung, um seinen Lieblingskäse zu suchen.«

»Ein Spitzentitel der internationalen Bestsellerlisten.«

Meine Damen und Herren! Äh, diese tierische Geschichte von Spencor Johnson hat 48 Seiten, erschien auf deutsch bei *Hugendubel* und ist ein Spitzentitel der internationalen Bestsellerlisten.

Et geht darum, daß die beiden Mäuse – **»Schnüffel und Wusel«** – als Tiere ihrem Instinkt folgen und deshalb mehr oder weniger immer ihren Käse kriegen; im Gegensatz zu den Menschen, die – hier repräsentiert durch **»Grübel und Knobel«** – zu sehr **»an alten Gewohnheiten hängen, sich Veränderungen in Betrieb und Alltag nicht anpassen wollen«** und dann über kurz oder lang blöd aus ihrem **»Jogginganzug«** gucken, wobei **»Knobel«** es am Ende schafft und **»Grübel«** nur noch das Beten bleibt, was aber in Amerika ja keine Schande ist.

Ladies and Gentlemen! Großer Gott, wir loben Dich!

»Ein Spitzentitel der internationalen Bestsellerlisten.«

Liebe Leser! Dieses kleine Büchlein wurde schon über 26 mal verkauft, in 11 Millionen Sprachen übersetzt, und das Handelsblatt schrieb:

»Spencor Johnsons humorvoll geschriebene Parabel ist in vielen Unternehmen bereits Pflichtlektüre.«

So z.B. bei **»Citybank, Chase Manhattan und Exxon, Goodyear, Xerox und Texaco, in Kirchen und Krankenhäusern und Regierungsbehörden der Vereinigten Staaten«**.

Was wir uns schon irgendwie gedacht hatten.

Von »**Kenneth Blanchard, dem berühmten Autor des ungemein erfolgreichen Millionensellers** »**Der Minutenmanager**«, stammt das Vorwort zu dieser fabelhaften Fabel, die übrigens schon von 11 Millionen internationalen Hugendubeln in mehr als 26 Tausend Läden und Ländern auf ihre Spitzen getitelt worden sind. Oder so.

Und aus dem netten Vorwort, meine Damen und Herren, möchte ich nun, wenn Sie mir gestatten, auch einige wenige Zeilen zum Vortrag bringen:

»*Die Mäusestrategie* **erzählt von der Veränderung, die sich in einem Labyrinth ereignet, in dem vier kleine Wesen nach Käse suchen. Dabei steht der Käse als Methapher für alles, was wir uns im Leben wünschen – sei es Arbeit, eine Beziehung, Geld, ein großes Haus, Freiheit, Gesundheit, innerer Friede oder auch nur irgendeine Betätigung wie Golf oder ...** genau: **Jogging.**«

Liebe Leser!

Ein feines, kurzes Vorwort und eine noch kürzere fulminante Erfolgsfibelfabel sind natürlich etwas wenig für stolze 26 Hugendubel. So nimmt es nicht Wunder, daß Spencor Johnson, der berühmte Spencor Johnson, auf die grandiose Idee kam, auch einige positive Reaktionen, sog. »**Stimmen zum Buch**«, hintendranzuklätschen.

Eine »**Kathy Cleveland Bull**« z. B., die berühmte »**Ausbildungsleiterin der Ohio State University**« schreibt:

»**Wie alle Bücher von Dr. Spencor Johnson, so steckt auch** *Die Mäusestrategie* **voll einfacher, leicht verdaulicher Lebensweisheiten.**

Wir setzen die Metapher vom Käse in unserer Universitätsausbildung ein.

Und zu Hause haben wir Spaß dabei, uns gegenseitig aufzufordern, dahin zu gehen, wo der Käse ist.«

Meine Damen und Herren, ich sehe es Ihren Mäuseäuglein an, daß ich Ihnen nun doch noch etwas aus diesem Käsebüchlein, das übrigens in jeder gut sortierten Käsehandlung für 26 Milliarden Jogginganzüge gegen ein paar Hugendubel ... nein?

Doch!

Komm! Nur ein Satz!

Nein?

Also zwei:

»Grübel war körperlich und geistig am Ende. Er fühlte sich sehr geschwächt, weil er viel zu lange keinen Käse mehr gegessen hatte.

Knobel aber, der inzwischen sehr erfolgreich im Labyrinth auf neuen Wegen ein neues Käselager gefunden hatte, lächelte in sich hinein und sagte seinem Freund Grübel: ›Wer einen neuen Weg einschlägt, findet leichter neuen Käse. Alte Überzeugungen führen dich nämlich nicht zu neuem Käse.‹«

Meine Damen und Herren!

Als ich dieses Büchlein las, das übrigens weltweit in 11 Millionen Hugendubel-Läden ... egal, während der Lektüre hatte ich die ganze Zeit ein Bild vor Augen, und zwar, wie der versammelte Vorstand der Deutschen Bank oben in einem der beiden Frankfurter Twin-Towers fröhlich und gemütlich zusammensitzt, und wie sich die Herren dann, eingekleidet in feines Joggingtuch, *Die Mäusestrategie* in der Hand und in verteilten Rollen den Schnüffel, Wusel, Grübel und den Knobel geben.

Und auf den nächsten 11. September warten.

Und ich bin dann Atta und sitze im Cockpit.

Gute Nacht.

(18. März 2002)

Ruhe

»Lügen haben lange Beine«
von Franz-Josef Antwerpes

Ruhe!

Gute Nacht.

(23. März 2002)[#]

Aber selbst in diesem Fall wird diese Type sich noch was drauf einbilden, mit den größten Buchstaben und obendrein noch 'ner Fußnote bedacht worden zu sein.

Und praktisch ganz ohne Weizsäcker.

73

Papa Simpel, der ewige Dompfaff

»Vom Tod zum Leben –
Predigten zum Osterfestkreis«
von Joachim Kardinal Meisner

Liebe Leser!

De mortuis nihil nisi bene – Über Tote nichts als Gutes! Lassen wir also für die nächsten 6 Ewigkeiten Gott mal aus dem Spiel, bleim wa diesmal diesseits hier im Jammertal; sprechen wir über Gottes Kölner Reichsverweser – reden wir von Dr. Joachim Kardinal Meisner!

Der Mann wurde an einem 25. Dezember geboren. Und man kann sich dazu denken, was man will. Zweitens:
Dieses wunderliche, historisch tatsächlich verbürgte Ereignis begab sich wie jenes andere auch und ebenfalls am Arsch der Welt –
nein, nicht in Bethlehem,
sondern tiefer drin:
in Breslau, in
Germanisch-Niederschlesien.

Und, beim Barte des Propheten, so leid et mir tut, unterscheiden sich die beiden auch noch in zwei anderen Angelegenheiten:
Zum einen hat IHN das dumpfe Volk in seiner begnadeten Umnachtung bis heute nicht erkannt hat, IHN, den einzig wahren Gottessohn, den Leibhaftigen, den wahrhaftig guten Menschen von Breslau, Juppi »Jubilate«, den ewigen Kölner Dompfaffen Monsignore Meisner Gimpel, unsern lieben Papa Simpel!

Und zum andern hat der hl. Joachim, der Aladin der Wunderlampen, uns armen Erdenwürmern im Gegensatz zu Jesus jede Menge schriftliches Zeugs vermacht.

So auch heut' zur Fastenzeit im Jahre 2002 ein veritabel fettes Büchlein mit 69 – in Worten: neunundsechzig – **»Predigten zum Osterfestkreis«**, das den teuren Titel trägt »Vom Leben zum Tod«, nein, pardon: **»Vom Tod zum Leben«**.

Warum's nun ausgerechnet 69 sind, wo's doch jede andere symbolschwangere Fabelzahl auch getan hätte, will ich noch mal unhinterfragt durchgehen lassen.

Schreiten wir zum Inhalt! Zur wahren Offenbarung:

»Es ist einem Christen unwürdig, aus dem Sonntag ›ein schönes Wochenende‹ zu machen.« Yo!

Deshalb rufen sich liebende Christen ja auch seit alters her jeden Samstag immer zu übern Zaun: »Tschöh, und ich wünsch' dir noch 'n verschissenes Wochenende!«

Die Meisner-Welt ist halt 'ne kleine Ecke verdreht: Er glaubt was, was es nicht gibt, und was es gibt, das glaubt er nicht:

»Ich glaube nicht, daß unsere Priester unter den Verpflichtungen des Zölibats oder anderen Eingrenzungen leiden! Nein, sie fühlen sich verletzt beim Anblick einer Gesellschaft, die das Gegenteil von dem lebt, wofür sie eingetreten sind.«

Öh, Moment, wiewaswofür? Ja, Sakra! Soll'n wa denn alle aussterben?

Nein, natürlich fühlen die sich verletzt, wenn die beim Ficken immer nur zugucken dürfen!

Aber er kann solche Pickel auch anders ausdrücken:

»Lassen wir uns nicht von außerkirchlicher und innerkirchlicher antirömischer Propaganda vergiften, sondern halten wir uns an die Weisungen des Papstes. Nicht die Emanzipation, sondern die Passion führt in die herrliche Freiheit der Kinder Gottes.«

Und wie diese herrliche Passion ausschaut, ja, das wollen wir uns jetzt mal, liebe Brüder und Schwestern, näher betrachten. Und so spricht der Kardinal:

»Charles de Foucauld beobachtete in der Wüste einen alten Tuareg (Ach so, muß ich kurz erklären! Charles de Foucauld: franz. Einsiedler, der um 1900 rum mit Vorliebe ausgerechnet algerischen Nomaden katholisches Einsiedeln schmackhaft machen wollte).

Also, noch mal:

»Charles de Foucauld beobachtete in der Wüste einen alten Tuareg, der an jedem Abend im Wüstensand niederkniete und sein Ohr in die Wüste hineinlegte. Auf die Frage, was er dort tue, gab er die erschütternde Antwort: Ich höre die Wüste weinen.«

Liebe obsoleten Bibelexegeten und Mirakelkatecheten, runzelt jetzt nicht eure Stirne und fragt bitte nicht: »Häh? Wieso denn ›erschütternd‹ und wieso ›weinen‹?«

Fürchtet Euch nicht, denn soeben fiel Euch ein Meisner vom Himmel, und der weiß bescheid:

»Wenn sich dieser Tuareg in dieser heiligen Osternacht auf die Hohe Straße in Köln niederkniete und sein Ohr auf das Kölner Pflaster legte, was würde er dort hören?«

Na, was würde der da schon groß hören? Würde mal auf U-Bahn tippen.

Oder: die Wüste unterm Pflaster? Das Gras wachsen? Weizsäcker? Oder gar den Anmarsch grüner Kölner Heinzelmännchen, die im Namen des Domprobstes das Domkapital von Pennern und Nomaden zu säubern haben? Oder müßte er sich freche Türkenjungs anhören mit ihrem Multi-Kulti-Gequatsche: »Ey, wassuchssu?«

Nein, alles falsch. Denn so fährt der Kardinal fort:

»Ich glaube, man braucht kein Prophet zu sein: Dieser Tuareg würde die Stadt Köln weinen hören.«

Mein Jott, warum hast du ihn verlassen?!

»Wie ein dichter, grauer, hässlicher Nebel liegt

76

ein Hedonismus und ungehemmter Liberalismus über unserem Land. In der Genusssucht kerkert der Mensch sich ein in das Gefängnis von Alkohol, Drogen und Sexus.«

Yeah! Hoch die Tassen, die unser Niederschlesier nich' mehr alle im Tabernakel hat!

»Alkohol und Drogen« kann er noch mühelos runterdeklinieren, ohne lila anzulaufen. Beim Sex aber muß er immer übertreiben. »Sex« alleine reicht ihm nicht, es muß schon »Sexus« sein.

Alkoholus, Drogus und Sexus!

Na, egal, sein Problem.

Und endet mit den dürren Worten:

»Ein entwürdigtes Dasein!«

Hm, das kann man wohl sagen.

Alkoholus, Drogus, Sexus.

Meine Damen und Herren!

Es wäre bei Gott etwas billig, sich nur auf die comedy-reifen Auswüchse des dömlichen Obertaliban zu werfen.

Wie z.B. auf den von Seite 141:

»Frieden schaffen durch Füße waschen.«[#]

Ebenso – und so sehr es mir auch in den Fingern jukket – überlasse ich die Verletzung religiöser Gefühle lieber der Kirche. Die kann das besser und weiß, was richtig weh tut. (Wobei ich schon dafür plädiere, im Grundgesetz und in allen öffentlichen Irrenanstalten auch mal den Schutz vor Verletzung areligiöser Gefühle mit aufzunehmen.)

Egal. (Nee, nich' egal.)

Nein, liebe Brüder und Schawestern!

Wenn wir unseren Kardinal wahrlich verstehen wollen

[#] Oder auf den von Seite 75: »**So betet der leidende Christus auch vor dem blasphemischen Kreuz des Tünnes in der sogenannten Kölner ›Stunksitzung‹: ›Herr, vergib ihnen, denn sie wissen nicht, was sie tun.‹**«

Na, wenn der wüßte ...

– und wahrlich, das woll'n wir ja wohl alle –, sollten wir
das Wagnis wagen und ganz und gar eintauchen in das
katholische Wesen seiner österlichen Frohbotschaften,
in die Tiefen seiner unterirdischen Gedanken!

Denn dann werden auch wir weise, verschüttet gewe-
sene Wahrheiten wiedererkennen! Dann werden wir vor
Glück zerspringen, juchzen und frohlocken: »Halleluja,
Hosianna und Etcetera! Da isse wieder, die alte, ehr-
würdige Seligpreisung von Folter, Tod und Spaß anner
Freud'! Und unversiegbarem Hirndurchfall!«

Dann werden auch wir wach & helle werden und er-
regt sein von der großen pornographischen Freude, die
unseren heiligen Joachim angesichts der akribischen
Beschreibung der Abschlachtung des Juden Jesus Seite
für Seite übermannt!

Ja, dann werden wir wieder sehend werden und seine
wunderbare Terror-Theologie auch mit unserem Herzen
begreifen: seinen Vervollkommnungswahn menschlicher
Vertierung zum Lobe einer halluzinierten Himmels-
pfeife!

Ja, ja, liebe Brüder & Schwestern!
Denn die religiöse Verzückung beim Anblick gemarter-
ter Körper und die gnadenlose Eliminierung jeglichen
Restgefühls ziehen sich wie ein blutender Transmis-
sionsriemen durch die österlichen Gewaltphantasmago-
rien unseres Eisenachims und Erzkardinals.

Und so spricht der feine Herr unter anderem:
»**Im Jahre 430 war die nordafrikanische Bi-
schofsstadt Hippo von den Vandalen belagert.**«
Ach, mit den Vandalen hat er's übrigens. Denn die hatten auch mal sein Breslau heimgesucht. Bzw: Die hatten
Breslau überhaupt erst gegründet und aufgebaut. (Da
waren se aber noch keine sympathischen Christen.) »**Ihr
großer Bischof Augustinus lag auf dem Sterbebett.
Sein letzter irdischer Trost war eine Nachricht
aus seiner Kathedrale, in der zur gleichen Zeit die
Osternacht gefeiert wurde. Gerade sang der Lek-**

torenknabe das Halleluja.« Ahh, ein »Knabe!« Ein singender »Lektorenknabe!« Gloria, Alloha und Hallöchen! »**Da kam von hinten der**«, na, wer wohl? »**feindliche Pfeil eines Vandalen und zerstach die Kehle des jugendlichen Sängers. Er konnte das Halleluja im Himmel weitersingen.**« Na, super.

»**Augustinus weinte vor Freude, daß seine Kirche den Vandalen mit dem Halleluja auf den Lippen entgegenkam und daß die Kirche von Hippo dem sterbenden Sänger mit dem Halleluja auf den Lippen den nahenden, sterbenden Bischof ankündigte.**«

Kinners! Und von solch hanebüchenen Vandalenopern wimmelt's nur so in dieser selig armen Pfaffenschwarte! So daß man jetzt auch plötzlich palästinensische Selbstmordidioten als das erkennt, was sie sind: Brüder im Geiste des hl. Hallelujas.

Liebe Leser!
In diesem Fall war die Lektüre für mich – so wahr mir Gott helfe – echte Hardcore-Quälerei. Und ein Gedicht schwirrte mir ohn' Unterlaß durch meinen Kopp:
»Der Tod ist ein Meisner aus Deutschland.«
Gute Nacht.

Nachtrag:
Welche Welt es wirklich ist, in der dieser Meisner denkt zu leben, sagt uns ganz allein schon der folgende Halbsatz, der immer wieder mantraartig durch seine Litaneien geistert:
»**Wenn es wahr sein sollte, daß sich der Mensch biologisch aus anderen Lebewesen entwickelt hat...**«

Junge, Junge, da hasse aber noch 'ne lange Reise vor dir. Amen. Und gute Nacht.

(Ostern 2002)

Tucken in der Reichskanzlei

»Hitlers Geheimnis –
Das Doppelleben eines Diktators«
von Lothar Machtan

Liebe Leser!

Führende Polifiker, nein, pardon, Vollitiker ... ach egal, beim GV sich vorzustellen, mag unter Umständen geschmacklos erscheinen; grundsätzlich und im aufgeklärt liberalen Sinne sollte es aber doch als Geschmacksache gelten. Und ob einem bei diesem erotischen Gedanken schlecht wird oder nicht, hängt weniger vom sexy Aussehen des jeweiligen Volksvertreters ab, als vielmehr von seiner couleur politique.

Willy Brandt, Lafontaine, Gerhard Schröder, ja, selbst Peter Struck[#] – vögelnde Sozialdemokraten gehören schon seit langer, langer Zeit zum Normalsten der Welt. (Rudolf Scharping[##] mag da eine Ausnahme sein.) Richtig unappetitlich wird es erst bei Christdemokraten. Allein ein flüchtiger Blick auf das Drama, wenn z.B. Edmund Stoiber Liebe machte – diese neutestamentarische Tragödie mit garantiert ungutem Ausgang würde sicherlich sämtliche Geschmacksknospen sprengen; und ›ekelhaft‹ wäre gar kein Ausdruck.

(Der folgende Text ist übrigens für Leser unter 18 Jahren ...)

Große Männer dagegen bei der Verdauung zu imaginieren, reizt eher die Lachmuskeln: Der Hl. Vater, der

---

[#] »Es muß ein Struck durchs Land gehen!« Peter Struck.
[##] Rudolf Scharping, ehemaliger Verteidigungsminister im Kabinett Schröder.

Stellvertreter vom lieben Gott, meditativ versunken, auf einer purpurnen, warmen vatikanischen Toilettenschüssel verweilend – plumps! – ein solches Bild hat zumindest etwas Anrührendes, Hilfloses, ja, all zu Putzig-Menschliches, mit Tendenz zum Wunderbaren.

Nein, meine Damen und Herren!

Genug der Phantasie, genug der Unterstellungen! Wir haben's hier mit Wissenschaft zu tun, mit sog. »**harten Fakten**«, ja, mit nachgewiesenen Geschlechtsakten!

Deutsches Volk!

»**Adolf Hitler war schwul!**«

Ja, jetzt is et raus! Ein wenig spät zwar, vielleicht sogar ein wenig zu spät, um nicht zu sagen: 69 Jahre zu spät, aber immerhin!

Ja, jetzt ist es wissenschaftlich bewiesen mit viel a.a.O. und ebenda: Das deutsche Volk ist nicht von einer österreichischen Klemmschwuchtel verführt worden, einem latent impotenten Postkartenbepinseler oder frappant omnipotenten Alles-Flagellanten, sondern von einem »**aktiven Homosexuellen**«:

»**Hitlers Geheimnis – Das Doppelleben eines Diktators**«, eine bewundernswerte Fleißarbeit des verbeamteten »**Bremer Historikers**« und »**Universitätsgelehrten Lothar Machtan.**« (Und Macht an heißt der wirklich.)

Und Alexander Fest, der Chef des »*Alexander Fest-Verlages*«, hatte wohl mit seinem Vater Joachim C. Fest, dem größten Hitler-Biographen aller Zeiten, noch ein altes Freudsches Ödipussy-Hähnchen zu rupfen.

Jedenfalls ließ er auf der letztjährigen Frankfurter Buchmesse eine Vergeltungswaffe platzen, die mächtig in die Annalen eingehen wird. Im Klappentext, ja, im Klappentext schreibt der Sohnemann:

»**Lothar Machtans Buch ist eine Sensation. Es wird unseren Blick auf Hitler tiefgreifend verändern. Es zeigt, dass Hitler homosexuell war und dass es für das Verstehen seiner Person wie seiner**

Karriere unerlässlich ist, darüber im Bilde zu sein.«

Liebe Leser!
Die Deutschen mußten sich nach '45 bekanntermaßen so einiges anhören. Und vieles davon war nicht nur überraschend, sondern auch überraschend wahr.

Daß Hitler z.B. ein waschechter Antisemit gewesen sei, muß damals in dem ganzen Trubel der 12 Jahre wie vieles andere auch irgendwie untergegangen sein. Und manches konnte einem zudem sowieso erst in diesen unzähligen Lagern bewußt werden.

Dann waren es ja doch auch nur im Prinzip 12 Jahre gewesen, wobei bereits nach anderthalb Legislaturperioden – und ich will das hier gar nicht verharmlosen – schon der Krieg ausbrach, und da hatten wir nun wahrlich andere Sorgen am Hals und alle Hände voll zu tun.

Aber allein schon, daß praktisch keine Frau im Kabinett Hitler vertreten war (außer vielleicht Wolfgang Thierse[#]), hätte doch eigentlich stutzig machen müssen.

Und es war auch nicht so, daß man total blind gewesen wäre! Daß Hitler 3 Eier hatte, war ja allgemein bekannt, außerdem konnte man das schon von weitem sehen; und wenn z.B. der Reichsmarshall Hermann Thierse äh Göring bei Großveranstaltungen immer etwas Rouge auflegte, hatte das auch jeder sofort mitgekriegt. Die unterschiedlichsten Meinungen waren dann auf der Straße zu hören. Wobei Skepsis und Ablehnung mit Sicherheit natürlich überwogen.

Da aber die allgemeine Devise damals lautete »Jedem das Seine«, und man – mit Verlaub – über homosexuelle Praktiken nur spärlich informiert war, ging man halt schnell zur Tagesordnung über.

Ach nein! Wolfgang Thierse war ja der schlimmste Reichstagspräsident seit Hermann Göring, sagt Helmut Kohl. Mit so Fakten muß man schon etwas genauer umgehen! Recht hat er, die alte Fettel.

Und daß sich die beeindruckenden – ich bin gleich fertig – Massenorganisationen wie SA und Schutzstaffel, Reichssicherheitshauptamt und Wehrmacht im Großen und Ganzen als strammste Männergemeinschaften darstellten, konnte beim besten Willen nicht als Indiz erscheinen, denn bei den beiden Kirchen sah es ja nicht anders aus; der überwiegende Teil des Klerus soll ja sogar offiziell als heterosexuell gegolten haben! (Von Ausnahmen menschlicher Schwächen mal abgesehen.)

Na, wie dem auch sei:
Seit Lothar Machtan wissen wir jedenfalls, was da in der Reichskanzlei für ein wilder Tuckenhaufen rumregiert hat – eine Tuntentruppe, die sich – hoffentlich auch – gewaschen hatte! Mein lieber Onkel Otto!

Mit 464 Seiten (inklusive einem überlaufenden Fußnoten-Anhang von 83 Seiten) liegt uns nun ein richtig geiles Aufklärungsbuch der ganz besonderen Art vor.

Das Dumme ist nur, daß nicht eine einzige Quelle – ich will's mal so formulieren – hieb- und stichfest ist, weil sie allesamt aus Polizeiverhören mit halbseidenen Strichern, vorbestraften Urkundenfälschern, einarmigen Banditen und bös verkrachten Kriegs-Existenzen der goldenen 20er Jahre stammen oder aus unautorisierten, unveröffentlichten Tagebuchaufzeichnungen von nicht minder bekloppten Typen als Adolf Hitler; Adolf Eichmann und Norbert Blüm, und daß alle diese agilen Bürschchen nach '45 einfach nicht volle Möhre auspacken wollten, weil sie nämlich einfach sämtlich mausetot waren (entweder auf Geheiß des heißgeliebten Führers sonderbehandelt oder sich selbst aus dem Weg geschafft oder blöderweise später von den Alliierten). ((Ähab ich grad Norbert Blüm gesagt? Quatsch. Magda Goebbels natürlich!!))

Aber das ist für unsern Bremer Stadthistoriker Lothar Machtan nicht nur kein Problem, sondern eher *der* schlagende Beweis für seinen Scheiß.

Bleiben noch die beiden schwulen Überlebenden »**Ru-**

dolf Heß« und **»Albert Speer«**! Tja, und Rudolf Heß, der konnte sich ja nicht mal mehr an sich selbst erinnern, und Albert Speer, der Lieblingsspeer des Führers, wollte – so viel ich weiß – und das kann man ihm auch nicht verübeln – das Verhältnis zu seiner Frau nicht weiter belasten. Allein mit Auschwitz hatte er ja schließlich schon genug am Hut.

Nichtsdestotrotz liest man so *BRIGITTE*-Essays doch immer wieder gerne:

»Wenn sie in einem Weiher gebadet hätten«, so der erfahrene Stellungskrieg-Kumpel **»Hans Mend«** über das aufreizende Verhalten von Schwester Adi im 1. Weltkrieg, **»wären sie immer nackt umhergesprungen. Dann hätte Hitler alles mögliche mit ihnen gemacht. Und in der Unterkunft hätten er (also Hans Mend) und andere dem Hitler, während er schlief, den Schwanz mit Schuhwichse eingerieben.«**

Na ja, Schlingel allemale.

Die Frage, die sich nach dieser Nummer nur aufdrängt, ist eine andere: Muß jetzt die komplette Wixgeschichte umgeschrieben werden?

Der Professor für neue Geschichten Lothar Machtan hält sich da – wohl auf Befehl von Alexander Fest – etwas verdruckst bis bedeckt. Andererseits muß man diese Frage auch nicht beantworten. Denn genauso gut kann man sich auch fragen:

Wenn Westerwelle hetero wäre, wäre dann unsere feine FDP-Gesellschaft auch nur eine winzige Spur weniger ekelhaft? Und Möllemann ein kleineres Arschloch?

Na bitte. Na also. Gute Nacht.

Nachtrag:
Wie unwichtig Hitlers Eier tatsächlich sind, sieht man schon daran, daß sie in Weizsäckers Erinnerungen nich' mal *ein* Mal vorkommen. Nich' mal zwischen den Zeilen.

(20. April 2002)

Der Waldmeister

»Gerhard Schröder – Eine Biographie« von Reinhard Urschel

Liebe Leser!

Inhalt des Beutels in eine Rührschüssel geben. 500 ml kochend heißes Wasser hinzufügen (bei 80 Millionen Personen entsprechend von allem etwas mehr) und alles sofort mit einem Schneebesen etwa ½ Minute durchrühren, aber nicht schlagen, bis sich alles aufgelöst hat. Flüssigkeit in eine Glasschale gießen und im Kühlschrank fest werden lassen.

Zutaten (m.a.W. alles, was drin ist, außer Wasser): Zucker, Stabilisator, Kaliumnatriumtartrat, Trikaliumcitrat, Geliermittel, Säuerungsmittel, Aroma (d.h. Sägespähne), Chinolingelb, Gelborange und Patentblau V.

Mindestens haltbar bis Ende: siehe Kopflasche.

Guten Appetit.

Nachtrag:
Okay, okay! Auch wenn ich mich mächtig überwinden muß, meine Damen und Herren: Ich werde kurz meiner staatsbürgerlichen Pflicht nachkommen und Ihnen Ihre Neugier befriedigen, Ihren etwas unverständlichen Willen, erfahren zu wollen, was Reinhard Urschel, der **»Politische Redakteur der *Hannoverschen Allgemeinen Zeitung*«** auf sage und schreibe 400 Seiten über das Leben seines langjährigen Duz-Kumpels und regieren-

den Waldmeisterpuddings »**Gerda**«[#] so herausgeur-
schelt hat.

Also:

Reinhard Urschel – wie gesagt: der Politische Redakteur der *Hannoverschen Allgemeinen Zeitung* – hat den
Inhalt des Beutels in eine Schüssel gegeben, heißes
Wasser hinzugefügt und solange durchgerührt, ohne zu
schlagen, bis sich alles aufgelöst hat.

Gute Nacht.

Und Reinhard Urschel – meine Damen und Herren, den
Namen sollten Sie sich übrigens unbedingt merken: Der
wird noch mal 'ne ganz große Schüsselfigur unter den
Politischen Redakteuren aller allgemeinen Zeitungen –
schreibt in seinem Vorwort:

»**Nichts habe ich autorisieren lassen. Das wäre
unjournalistisch.**«

Ja, nee, is klar.

Aber, Herr Urschel, Politologie mit Proktologie zu ver-
wechseln – ist das denn die feine journalistische Art?
Und dann noch dazu mit dem dringenden Bedürfnis,
immer der erste sein zu wollen?

Liebe Leser, sozialdemokratische Wackelpuddingwissen-
schaftler wie Prof. Urschel sind peinlich penible, hoch-
analytische, ja, manches Mal richtig gehend schillernde
Köpfe! Es sind politisch ambitionierte Persönlichkeiten,
die zwischen Stoiber und Schröder Differenzen erkennen
können! Yeah! Eine faszinierende Aufgabe, vor der sogar
die Arbeitgeberverbände kollektiv kapituliert haben.

Und was den Menschen »**Gerda**« betrifft: Auch auf
diesem weiten Feld mußte ein phantasievoller Bursche
wie Urschel notgedrungen ins Leere brettern. Selbst

[#] »**Gerda**«? Ja, Gerda. Der Gerd hieß nämlich mal 'ne Zeitlang
»Gerda« – damals im 3-Furien-Haushalt von »Nix da Brat-
wurst, aber Hallo«-Hillu.

Scharping# wäre überfordert, mehr als einen Satz über einen mit geschmacklosem Instant-Staub gefüllten Schlabbelbeutel aus dem Hut zu zaubern.

Gut. Daß »**der liebe Gerd**«, so der Politische Redakteur Urschel, »**immer Kanzler werden wollte«,** erfährt man selbstverständlich auf der einen oder anderen Seite, aber – Hand auf's Herz – wußten wir das nicht irgendwie vorher?
Und mehr steht in dem Urschel-Buch auch nicht drin. Weitergehendes Interesse Ihrerseits, liebe Leser, brächte Sie somit nur in den Geruch der Distanzlosigkeit und Perversion.

Deshalb war nach der Lektüre für mich die Frage: Hatte ich schon wieder anderthalb Pfund Mist umsonst gelesen, oder gab es einen anderen Ansatz, vielleicht einen Menschen in Schröders sinnloser Welt, der wenigstens eine kleine, todsichere Pointe abwerfen könnte? Und natürlich war da wer! Sonst wär' ja hier auch Schluß gewesen.

Nun, liebe Leser, es war aber nicht »**die Doris**«. »**Die Doris**«, von der Herr Urschel ein stückweit ins Despektierliche abgleitend berichtet, »**daß sie den tiefen Teller nicht gerade erfunden hätte.**«
Aber auch nicht »**Hillu Schröder**«, »**Clara Schröder**«, »**Gunhild, Fritz und Kurti Schröder**«,
und ebenso wenig »**Erika Vosseler**«, »**Ilse Vosseler**«, »**Lothar, Paul und Heiderose Vosseler**«;##
oder »**Hiltrud Hampel**«, »**Manfred Hampel**«, »**Franca**« oder »**Wiebke Hampel**«.

Scharping. Äh, kennen se noch Scharping?
Falls Ihnen diese Namen alle nix sagen, meine Damen und Herren: Müssen se einfach mal *EXPRESS* lesen, dann wissen se auch mehr!

Auch nicht »**Bodin**«, »**Putin**«, »**Flimm**« und »**Trittin**«
oder »**Hussein**« und »**Müller-Kerstin**«,
sowie »**Herta Däubler-Gmelin**«
oder »**Julian Nida-Rümelin**«.
Ganz zu schweigen von
»**Hela Rischmüller-Pörtner**« oder
»**Irmingard Schewe-Gerigk**« oder gar
»**Heinz Kluncker**«, »**Richard**« und »**Karl Dall**«!

Nein, nein, nein, 's war einzig & allein der neue Freund von der »**Gräfin Kristina**«, äh, Rudi Pontius »**Pilati**«, Käpt'n Heidewitzka, der Gefühlsberserker, Hormonbomber und Serbenficker.[#]

Nachdem ich von Reinhard Urschel – Sie wissen schon: Urschel, der Politische Urmel aus der *Hannoverschen Allgemeinen Zeitung* – die Plastikfolie abgezogen hatte und so gewahr wurde, daß ich volle 400 Seiten vor mir hatte, wunderte ich mich zunächst, wie man über das Leben einer Nulpe ein solch monströses Konvolut verfassen kann.

Doch schnell begriff ich:

Es ging, mangels Masse, hier eben nicht um 1 Nulpe, sondern um den ganzen Nulpen-Verein, um die SPD mit ihren 3 Nulpenflügeln und deren 3 Führer-Nulpen: um Nulpe Oskar, Nulpe Gerda und, wie gesagt, um Unternulpe Nulpe Rudolf.

Daß von Rudi Nulpe heute keine Gefahr mehr ausgeht – jedenfalls nicht für Schröder[##] – und die Arbeitsämter

----

[#] Mein Gott, wie die Zeit vergeht! Mit dem Großen Hunzinger Zapfenstreich vom 22. Juli 2002 war Rudi aus dem Stand heraus eine historische Fußnote der erbärmlichen Zeitgeschichte. Und unter Umständen ist selbst das noch übertrieben.

[##] Memento! Als ich dies tippte, war Rudi Verteidigungsminister. Und seiner Meinung nach immer auch noch der bessere Kanzler. Und ... ach, mein Gott, wie die Zeit vergeht.

noch keine Stellen anbieten, wo man für's Pilati-Pimpern, Pool-Plantschen und Große-Scheiße-Erzählen bezahlt wird, sollte auch einem Urschel bekannt sein. Trotzdem drischt er so penetrant auf den armen Rudi ein, daß man mit dem Erfurter Schützenkönig von 2002, Robert Steinhäuser, sprechen möchte: »Für heute reicht's, Herr Heise.«[#]
Mimöschen Nobby Blümchen käme hier wahrscheinlich direkt mit seinem »Vernichtungsfeldzug« umme Ecke. Und Mohammed Mufti Mullahmann Möllemann mit »alttestamentarischen Nazimethoden«.

Ich mein', ich fand den Nulpenkrieg ganz amüsant, aber Urschel hat's ja nicht für mich, sondern für 'ne komfortable Eigentumswohnung in Gerdas Gedärme geschrieben.
Für Urschel ist Rudolf Nulpe immer nur der Totaltrottel vom Dienst: »**Größenwahnsinnig**« und »**geistesabwesend**«, »**Verlierer**«, »**Ersatzkanzler**«, »**Schönredner**«, »**Autist**« und »**Brutto-Netto-Spezialist**«, und vor allem immer wieder nur »**Der Westerwälder**«. Nicht ein Mal sagt er: »Rudolf, das hasse aber klasse hingekriegt!«
Und damit er nicht von Onkel Pilati eines Tages 'nen langen Prozeß an den Hals kriegt, läßt er so was immer schön die Anderen sagen.

Eigene Erfahrungen mit Nulpe Rudi hat er jedoch auch:
»**Die Nähe zu den Medien zu finden, bereitet Schröder keine Mühe. Anders Rudolf Scharping: Als er im Wahlkampf 1994 in den roten SPD-Bus einsteigt, um mit Journalisten im Begleittross zu**

[#] Die heutige Welt ist ja so flottlebig und furchtbar vergeßlich! Deshalb auch hier zur schnellen Erinnerung: Der abgebrochene Schüler Robert Steinhäuser war 2002 durch eine gelungene Aktion Schützenkönig von Erfurt geworden. Und Herr Heise ist Herr Heise.

plaudern, ergreifen die Medienvertreter wie auf Kommando unter ihre Sitze und stellen ihre Laptops oder irgendeine Aktentasche auf den Sitz neben sich. Hauptsache, der ist belegt, und der Kandidat muss sich woanders hinsetzen.«

Noch 'n Nachtrag:
Herr Urschel: »**Den Regierungssprecher Uwe Karsten Heye kann man genauso wenig festnageln, wie man eine Drehtür zuschlagen kann.**«

Herr Urschel, warum habe ich bloß den Eindruck, daß das nicht nur besser zu der Dr. Oetker-Kreation Schröder paßt, sondern am allerbesten noch zu einem guten Bekannten von Ihnen, einem Politischen Redakteur der *Hannoverschen Allgemeinen Zeitung* und dem der Ruf vorauseilt, sogar den flachsten Teller erfunden zu haben?

Und das nur nebenbei:
Sie wissen ja, daß in Ihrer sozialdemokratischen Abbruchbaracke Rudolf Scharping der einzige ist, der nicht die Konsistenz eines Tütenpuddings besitzt und wegen **»seiner bekannten Schwierigkeiten bei der Wahrnehmung der Lebenswirklichkeit«** und wegen Dauerhänselung durch Artgenossen auch schon mal gerne ganze Landstriche verwüstet; und daß wir alle spätestens seit Erfurt wissen, was leicht übertriebene Kränkungen auslösen können. Und wiegeln se jetzt nich' ab: »Der Rudi und 'ne Pumpgun, pah!«

Dieser Mann kommt an alles ran.

Viel Spaß noch für die Zukunft.

(10. Mai 2002)[#]

Laut Prognose von Infas, Hunzingers Institut für angewandte Politik, hat er noch 'n ganz großes Ding vor.

90

Im Krüger-Nationalpark

»Szenen eines Clowns«
von Hardy Krüger

Liebe Leser!

Ich weiß nicht, ob und inwiefern Sie sich noch an »**olle Hardy Krüger**« erinnern können, den großen »**olle Hardy Krüger**«, wie er sich selber gerne betitulierte. Grundsätzlich wäre es aber unabhängig davon sehr lach- und sachdienlich, wenn wir uns für kurze Zeit auf folgenden kleinen Nenner einigten:

»**Olle Hardy Krüger**«, der von allen unerträglich lackaffigen Quälgeistern der Leinwandidol-Industrie das mit Abstand lackierteste, affigste und unerträglichste Exemplar;

»**olle Hardy**«, noch vor Leni Riefenstahl, Horst Tappert und Kommissar Rex ein guter Grund, sich als Deutscher im Ausland ein wenig zurückzuhalten;

»**olle Krüger**«, die einmalige Wiederaufbereitungsanlage für tödliche Altherren-Scherze, verreckte Pointen und Scheißanekdoten aus aller Welt,

»**olle Hardy**«, der Schnellste Brüter in Sachen Mega-Egomanie und Wichtigtuerismus;

ein Weizsäcker aus altem Schrott und Doppelkorn und simmsalabimmster Weltumbummler in einem;

und internationaler Gastfreundschaftserschleicher, der es geschafft hat, auf tatsächlich allen 5 Kontinenten eine dermaßen verölte Schleimspur zu hinterlassen, daß kaum noch ein Globalisierungskritiker-Abschlußcommunique verabschiedet wird ohne den Zusatz: »Und bitte in Zukunft keine Besuche mehr von olle Hardy Krüger!«

Nein, heute geht's mal nicht um »**olle Hardys**« imperti-
nente Weltenbummlerei und »**seine verdammt guten
Freunde**«, die auf »**seinen verdammt vielen Reisen**«
überall in »**den verdammt unterschiedlichen Erdre-
gionen**« angeblich alle nur so aus dem verdammten
Boden geschossen sind und wegen »**olle Hardys**« auf-
dringlicher Klebrigkeit zur Unfähigkeit verdammt waren, sich zielsicher aus dem Staub zu machen.

Nein, heute geht's um »**olle Hardys**« neustes Schmie-
rentheater »**Szenen eines Clowns**«: laut Verlagspropaganda »**neun Geschichten über die komischsten
Abenteuer seines erfolgreichen Schauspielerle-
bens, über denk- und merkwürdige Begegnungen,
das Heitere und das Ernste, erzählt mit Witz und
einem leisen Lachen**«, also neun sterbenslangweilige
und wie immer notgeil aufgeblasene Seifenopern von
Null Interesse, neun vollkommene Überflüssigkeiten
eines immer schon relativ vollkommen überflüssig gewe-
senen Selbstdarstellers, mit anderen Worten:
   neun neue Übungen in Sachen Tickbefriedigung, die
in ihrer bigotten Blasiertheit und Selbstverhimmelung
nur noch übertroffen werden von Hardys durch nichts
zu erschütternde Annahme, außer ihn selbst würde
dieses ranzige Anno-Pief-Gequatsche noch irgendeinen
irgendwie vom Hocker holen.

Liebe Leser!
Wenn in seinen ungeheuer abenteuerlichen »**Szenen
eines Clowns**« nicht gerade solche »**Satansbraten**«
wie »**Anthony Quinn**« oder »**Peter Finch**«, genannt
»**Finchy**«, »**Roger Moore**«, »**Robert Redford**«, »**Richard Burton**«, »**Richard Harris**« oder »**Richard
Attenborough**« mit ihm vor irgendeiner obskuren
Kamera rumspielern, oder »**Yul Brunner**« oder »**Walter Giller**«, dann is' er mit ähnlichen Satansbraten und
verdammt guten Freunden wie »**Franco Nero**«, »**Or-
son Welles**«, »**Anthony Hopkins**«, »**James Stewart**«,

92

»Sean Connery«, »Gene Hackman«, »Ryan O'Neal«, »Michael Caine«, »Sir Peter Ustinov«, »Sir Laurence Olivier«, »Tito«, »Bogey« oder »Johannes Heesters« am Set zu Gange.

Und ist er mal in etwas niederen Gefilden unterwegs, also bei Leuten, die er in seinem Buch mit »**sehr geneigtes Publikum**« oder »**geliebter Mensch im Publikum**« anschneckt, dann kommen seine »**olle Hardy**«-Nummern so daher:

In Ostberlin steigt der berühmte Mime mit schwerem Gepäck in ein Taxi und schon geht's los:

»»**Na, det is aba was!**‹, sagt der Fahrer. ›**Olle Hardy hier im Paradies von Ulbricht, Pieck und Grotewohl!**‹«

(Dann folgt ein Dialog, den ich nicht wiedergeben kann, da mein Personalcomputer abstürzte und zersplatterte.)

Kurz drauf schlufft Krüger, der berühmte Mime, mit seinem Koffer durch 'ne Nebenstraße, setzt sich unter ein Baugerüst und hört, wie einer von oben ruft:

»›**He, du da! Guck ma hoch!**‹
Ich sehe an dem Gerüst nach oben.
Der Maler starrt mich an.
Fasst sich an den Kopf.
›**Daß ick det noch erleben darf! Olle Hardy Krüger!**‹

Er steckt den breiten Quast in den Bottich.
Dann läßt er sich an den Holmen der Leiter zu mir runterrutschen.
›**Mann, Hardy, du schwitzt ja, als wenn ma jetz schon Somma hätt'n!**‹
Seine Hand ist rauh.
Hart.
Aufgesprungen von dem Kalk.
Der Maler starrt mir ins Gesicht.
›**Menschenskinder, nee!**‹ **Seine Augen strahlen.**

›Wo willst'n hin, Hardy? Zur S-Bahn rüber, wa?‹ Als ich sage: ›Ja!‹, hebt er meinen Koffer auf. ›Ick bringe dir hin. Det is ja nu det Mindeste, wat Fritz Kalinke sich zur Ehre jereichen lassen kann.‹«

Undsoweiter undsofort.

Kurz drauf am S-Bahnhof stellt er sich dicht hinter eine Frau, hinter »ein Mädchen, das ›Billard um halb zehn‹« liest:

»Als ich meinen Koffer zu ihr stelle, sieht sie auf. Lächelt mich an.

›Hat Ihnen schon mal jemand gesagt, daß Sie Hardy Krüger ähnlich sehen?‹

›Ja,‹ sage ich. ›Vorhin. Der Mann war Maler.‹

›Mein Gott,‹ sagt sie, ›diese Stimme ...‹

Dann sagt sie noch: ›Wie peinlich!‹«

Dann gibt's wegen olle Hardy 'nen regelrechten Weiberauflauf:

»Ich dachte immer, so'n Filmstar geht nie zu Fuß!«, schreit die eine.

»Wenn se Lilo Pulver im Kino küssen, küssen se die richtich?«, schreit die andere.

Und »Hardy, dreh dir noch ma' um!«, meint eine dritte.

Und zum Abschluß noch so eine:

»Schade, daß ick dir nicht mit nach Hause nehmen kann, aber mein Anjetrauter würde mir morjen Früh Vorhaltungen deswejen machen.«

Und das alles in einer einzigen Nummer!

Was nicht heißen soll, daß sich bei anderen Abenteuern nicht Vergleichbares ereignet!

Irgendwann macht »olle Hardy« zusammen mit olle »Boxer Maxe Schmeling« die Gegend unsicher. Und werden von DDR-Grenzsoldaten durchgefilzt. In dem Moment kommt ein Genosse Milchwagenfahrer wegen Formalitäten in die gute Stube.

Und ab hier soll nun unser große Mime selba weiter-mimen:

»**Der Mann** (der Milchmann) **hielt den Atem an.**

›Det jibt et nich‹, **sagte er. Und beugte sich nach vorn.** ›Maxe?‹

Er legte seine Hände links und rechts flach an sein Gesicht. ›Bist du det wirklich?‹

Die Hände pressten kräftig zu.

Seine Backen stießen an die Nase.

›Darf ick det gloob'n? Darf ick gloob'n, dass du det würrklich bist?‹«

Usw.

»**Ein Ausdruck der Neugierde zog in sein Ge-sicht.**

›Sach ma, Maxe, warum sitzte hier, auf diese Banke? Wie bestellt un nich abjeholt?‹

›Ich muß hier sitzen‹, **sagte der Boxer.**

›Is wahr? Un' warum, wenn ick ma' frag'n darf?‹

›Weil ich verhaftet bin.‹

Der alte Mann beugte sich ein Stück nach vorn.

›Du bist wat?‹

›Verhaftet.‹

›Mach Witze!‹

›Leider.‹ **Schmeling nickte bedächtig.** ›Leider isses wahr.‹

Maxe legte mir seine Hand um die Schulter. ›Und mein Freund hier ... neben mir ... auch. Wenn ich bekannt machen darf ...‹

Ein paar alte Augen sahen zu mir her. ›Ah, ja ... olle Hardy! Tschullijung, ick hab dir er'sma janich in den deutschen Blickwinkel jekricht.‹«

Liebe Leser, es sind nun schon volle 5 Seiten, die mich »**olle Hardy**« gekostet hat. Und unter normalen Um-ständen würde ich auch sagen: »Hardy, it's too hardy! Laß man jut sein für heute!«

Aber in diesem ganz besonderen Krüger-Nationalpark leben ja auch noch jede Menge Frauen, die ich Ihnen nicht vorenthalten möchte, weil die bei Hardy durch die Banke in aller Regel entweder nur »**spitze Schreie ausstoßen**« oder »**jung**« sind, »**hinreißend jung, unsagbar jung**« oder eben »**blutjung.**«

Oder halt solche, wie jene Dame mit Herrenbegleitung, die unsern Hardy im Restauranto so hardy anlächelte, da der bekloppte Oberkellner ihn wieder mit »**Horst Buchholz**« verwechselt hatte. Achtung! O-Ton – »**olle Hardy**«:

»**Ihr Kostüm ist teuer, elegant, mit Perlen über einer mädchenhaften Brust.**

Die Dame lächelt öfter zu mir her. Ab und zu kneift sie das eine ihrer Augen zu und lässt die Lippen dabei ein wenig offen stehen.«

Und er den Arsch.

So, und jetzt ist wirklich gut gewesen.

Gute Nacht.

Kein Nachtrag.

(21. Mai 2002)

96

Die Welt nach dem 11. September

**»Unter Einsatz meines Lebens –
Ein New Yorker Feuerwehrmann im WTC«
von Richard Picciotto**

Liebe Leser!

Der neue *Malik-Verlag*, groß rausgekommen durch Jon Krakauers erheiternde Predigt über den Leichenberg Mount Everest »In eisigen Höhen« und somit geradezu prädestiniert für blutrünstige Spektakel aller Art, kann sich glücklich schätzen:

»Richards Picciottos dramatisches und tief berührendes Buch ist der einmalige Bericht eines Augenzeugen, der die letzten Stunden im World Trade Center dokumentiert und sich damit auseinandersetzt, was es bedeutet, eine solche Katastrophe zu überleben.« Wobei man den letzten Teil des Satzes getrost als phantastisch formulierte objektive Verlagspropaganda bezeichnen können könnte. Oder als einen typischen Weizsäcker.

Weiterführende Literatur:
»The attack – Hintergründe und Folgen« von Noam Chomsky.
»War against people – Menschenrechte und Schurkenstaaten«, Noam Chomsky.
»Wirtschaft und Gewalt – Vom Kolonialismus zur neuen Weltordnung«, dito.
»Der neue Militärische Humanismus – Lektionen aus dem Kosovo«, noch ma' dito.
»Elemente und Ursprünge totaler Herrschaft« von Hannah Arendt,

»44 Nestbeschmutzungen« von Hermann L. Gremliza,
»Brothers in Crime« von Wolfgang Pohrt
und »Mein Leben« von Leo Kirch ... äh, Totzki.
»Das Wesen des Christentums«, Ludwig Feuerbach.
»Manifest der Kommunistischen Partei«, Marx & En-
gels.
»Humanismus und Terror«, Maurice Merleau-Ponty.
»Fragen Sie mehr über Brecht« von Hanns Eisler.
»Studien zum autoritären Charakter« von Th. W. Ador-
no und »Hitlers willige Vollstrecker, Ganz gewöhnli-
che Deutsche und der Holocaust« von Daniel J. Gold-
hagen.
(Dies Buch hat nu' mit dem Thema nich' ganz direkt
was zu tun. Aber ich wollte es immer schon mal irgend-
wie preisen. Egal wo.)
((Natürlich ohne das letzte Kapitel über die prima
Wiedergutwerdung des Deutschen.[#]))
»Tanz der Lemminge« von Ingeborg Schober.
»Anarchie, Sexpistols, Punk Rock« von Jon Savage und
»Die Ducks – Psychogramm einer Sippe«, Grobian Gans.
»Die Antiquiertheit des Menschen« von Günter Anders,
»Emil und die Dedektive« von Erich Kästner,
Karl May und wegen mir auch
»Die Wut wächst« von Oskar Lafontaine.
Gute Nacht.

(29. Mai 2002)

Kurz zu Möllemann! Frisch-fromm-liberal-aktueller Stamm-
zellenwitz aus Möllemann: »Wer Antisemit ist, bestimme immer noch ich. Außerdem wollte ich zur Zeit kein Jude in
Deutschland sein. Und abgesehen von Ausnahmen menschlicher Schwäche – anständig geblieben zu sein, ist ein Ruhmes-
blatt...«

Die Mannheimer Monumentalmeise

»Xavier Naidoo – Seine Wege«
von M. Fuchs-Gamböck und Jörg P. Klotz

Liebe Leser!

Die beiden Mannheimer angeblichen Musikjournalisten Michael Fuchs-Gamsböck und Jörg-Peter Klotz beginnen ihr Credo über den gesegneten Bibelknilch Xavier Naidoo mit dem Satz:
»**Xavier Naidoo ist gerade 30 geworden. Ziemlich früh für eine Biographie, könnte man meinen.**«
Ich aber würde meinen: Nö, wieso denn? Wenn einer in diesem zarten Alter schon so spricht, als hätt' er seit 30 Jahren bzw. 2000 Jahren die Rente durch, dann ist das doch genau der richtige Zeitpunkt. Zumal's den andern Jesus vorbildlich mit 33 auf der Höhe seiner Zeit aus den Sandalen gehoben hat.

Vorweg allen ins Stammbuch, die von Xavier Naidoo noch nie was haben läuten hören:
Xaviers erster Langspieler von '98 mit dem Titel »**Nicht von dieser Welt**« wurde trotz des Titels weit über 1 Million mal verkauft und rotierte 77 Wochen lang hot durch die realreligösen Top 100, »**das erfolgreichste deutschsprachige Pop-Debüt aller Zeiten – selbst Müller-Westernhagen, Grönemeyer, BAP und Pur spielten mit ihren Erstlingen nicht annähernd in dieser Liga.**« Ha ha ha ha ha ha, die Supernasen!

Und was ist, liebe Leser, der Xavier selber für einer? In ihrer echt-krass-kritischen, vollphat-korrekt-checkenden coolen Viva-Pipi-Popjournalisten-Spreche erwähnen Fuchs-Gamsböck und Klotz zunächst einmal – Respekt! – auch weniger Schmeichelhaftes über die jaulende Jesuslatsche aus Mannheim:

Für den »*SPIEGEL*« zum Beispiel sei der Xavier »**der Jesus der Hitparaden**« und für den »*stern*« ein »**Himmelsstürmer**«, selbst für »*Prinz*«, die relativ bekloppte Pubertätspickelpostille, sei der Herr Xavier ein »**berechnender Missionar in Sachen plattes Glaubensbekenntnis**« und für die »*Berliner Zeitung*« schlicht und ergreifend, fein und erfolglos »**haarsträubend peinlich.**«

Also für jeden, der noch halbwegs da ist, »**ein klarer Fall für den Sektenbeauftragten**«.

Nur für die praktisch komplette pisagymnasiale, schlaumeierische, altklugkackende, sprüchekloppende Hip-Hopper-Community mit ihrer irren »**street**«- und vor allem bank-»**credibility**« und für Gamsböck-Fuchs mit Klotz-am-Kopp ist er

ein »**Suchender**«,

ein »**ernster Beobachter**«,

ein »**innerlich Zerrissener**«

ein »**an der Welt Leidender**«.

und ein »**an der Umwelt Verzweifelnder**«!

Mensch puuh!

Xavier Naidoo!

Oder in Xaviers eigenen Worten:

»**Mein Traum, meine Vision ist mein Wunsch, die Menschen in Liebe vereint zu sehen.**«

Und wer wie Xavier noch schlimmere Sachen singt, als Weizsäcker nur zu sagen pflegt, der entleert sich auch mit so 'ner vielsagenden Nummer:

»**Ich bin wissend. Ich weiß, daß es Gott gibt. Ich glaube da nicht nur dran.**«

»**Man muß sich Zeit nehmen.** Und Sie sich jetzt auch, liebe Leser! **Nicht an einem Sonntag, in der Kirche.**

100

Einmal eine Woche oder zwei, drei kaum etwas essen, vielleicht sogar, wenn's geht, gar nichts, die Bibel aufschlagen, die Psalme lesen, ganz schwach sein. Dann wird man eine wirkliche, ehrliche, ernste Gottesfurcht erleben...« Na, das kann man wohl sagen! Da bin ich mir aber auch ziemlich sicher.

Whow, und so was mitten in Deutschland! Und nicht etwa in Biafra, Kalkutta oder Finsterwalde! Und nicht mitten im Paläolithikum, sondern am Anfang des 21. Jahrhundert! »**... eine wirkliche ernste Gottesfurcht erleben, die einem die Freudentränen in die Augen treibt.«**

Genau. Sag ich doch. Tempo!

Daß jeder zweite Musikus 'nen gewaltigen Heiligenschein hat samt Jesus-Tirili, liebe Leser, ist ein Schmerz, den wir sterblichen Konsumenten nun mal ertragen müssen. Das mag alles Gründe haben inkl. Abgründe, die wir nur in tiefer Demut und Betrübnis zur Kenntnis nehmen können. (Mißglückte Müttermorde? Unbefriedigter Geschlechtsverkehr? Zu kleine Proberäume? Wer will es wissen?!)

Bei Xavier verhält sich die Chose allerdings vertrackter. Der junge Mann, der immer wieder gerne unbefragt von sich behauptet, er läse kein anderes Buch als nur die Bibel (was ihn als landläufigen Vollmeisenbesitzer schon hinreichend auszeichnet), bezichtigt sich selbst im vorliegenden Quatsch quasi der Schummelei; denn er hat tatsächlich in den letzten Jahren ein weiteres Buch gelesen, und zwar den »**Bibel-Code«** von Michael Drosnin.[#]

»**Das habe ich in zwei Tagen durchgelesen. Der US-Bestsellerautor Drosnin schildert darin, wie**

[#] Ein schönes Buch. Ein gutes Buch. Ein hanebüchenes Buch! Siehe auch: »Bestsellerfressen I – Eine literarische Schlachtplatte«, von mir, Berlin 1999.

der israelische Mathematik-Professor Eli Rips 1994 einen in der Bibel versteckten Code entdeckte, der alle zukünftigen Ereignisse vorhersagt – zum Beispiel den Holocaust, die Ermordung Kennedys und das Attentat auf Jitzchak Rabin.«

Liebe Leser, da es zum tieferen Verständnis des monumentalen Knallkopps von Xavier Naidoo unumgänglich ist, geht's jetzt weiter mit dem Zitat:
»Mit Hilfe von Computern findet man verschiedene Codes, die auf die Aneinanderreihung jedes vierten, zwölften oder fünfzehnten Buchstaben ein Wort ergeben. Überspringt man jeweils dieselbe Anzahl von Stellen, ergibt sich eine verschlüsselte Nachricht«, sagt Michael Drosnin.
»Das funktioniert wie ein Kreuzworträtsel«, sagt Xavier Naidoo. »Waagerecht, senkrecht oder diagonal findet der Computer Worte – Rabin, das Datum seines Todes und den Namen seines Mörders.
Sehr unwahrscheinlich, daß das Zufall ist. Die Wissenschaftler haben das auch an anderen Büchern wie ›Krieg und Frieden‹ getestet – ohne Ergebnis.«

Das ist ja nun erst mal – wie soll ich sagen – nur graue Theorie. Marschieren wir zur schillernden Praxis! Auf, auf! Und also kandelabern Klotzfuchs und sein Gamsböck weiter:
»Dann erzählt der Xavier, wie der Umgang mit Zahlen seinen tagtäglichen Umgang mit dem gedruckten Wort Gottes bestimmt.«
Na? Noch wach? Na denn:
»Es war bei einer Fahrt auf den Gotthard.
Und Xavier sagt: ›Der zieht mich natürlich schon wegen seines Namens an‹.« Ja, natürlich.
So, und jetzt verkürz' ich die ganze Scheiße einfach mal: Xavier und einer seiner Jünger eiern mit irgendeinem Angeberschlitten den Gotthardpaß rauf, über-

sehen sämtliche Warnschilder, die den Paß als z.Z. gesperrt anzeigen ... und kehren schließlich – man lernt ja nie aus – um.

»In meiner alten Angewohnheit – er ist ja schließlich 2000 Jahre alt –, **Zahlen, die ich lese, in der Bibel nachzuschlagen, stieß ich dann auf eine Höhenangabe. Wir waren auf 1541 Metern. Und sobald ich die Zahl 41 höre, denke ich an Jesaja.** Ja, is klar. **Weil Jesaja mein Lieblingsprophet ist.** Ach so. **Dann habe ich die Zahlen einfach umgedreht und zu meinem Beifahrer gesagt:** ›**Schlag mal auf: Jesaja 41, 15.**‹

Hahaha! Zahlen einfach umdrehen! Da muß man erst mal drauf kommen!

In seiner verängstigten, aufrüttelnden Stimme hat er dann laut gelesen: ›**Ich mache Dich zu einem Dreschschlitten. Mit neuen scharfen Zähnen. Berge und Hügel wirst du dreschen und zu Staub zermahlen.**‹

Mir sind die Tränen aus den Augen geschossen. Mir, liebe Landsleute, allerdings auch. **Wir waren fix und fertig.«**

Ähm. Hoffe, liebe Leser, daß Sie nich' nu' auch noch fix und fertig sind; denn die Pointe kommt doch – noch.

So berichten Gamsbock und Klotz, die Mannheimer Printmedienlieblingslakaien des Messias' aus Mannheim:

»Wieder im Tal angekommen, war die Sonne inzwischen aufgegangen. Das aufgescheuchte Duo fuhr in ein Tal, in dem die Spuren der verheerenden Lawinen des Winters 98/99 nicht zu übersehen waren.

Die Berghütten und Strommasten lagen, wie zu Staub zerbröselt, im Tal. Ogottogott! ›**Da wird einem klar**‹, sagt der Xavier, ›**daß Gott nicht nur Gutes, sondern auch solche Momente für uns bereithält.**‹ Ach, die Nummer jetzt! ›**Wo er seiner Wut freien Lauf läßt.**‹

**Wir haben gesehen, daß er Berge zermalmt.
Das war ein wirklich sehr krasses Erlebnis. Eins
von vielen, die ich bisher hatte.«**
Ja. Echt krass. Kann man so sagen.
Gute Nacht.

Nachtrag:
Warum aber zum Teufel immer dieses ewige Mannheim? Kann ich Ihnen flüstern! Ganz einfach.
**»Weil Mannheim nämlich das neue Jerusalem
ist!«**
Ja, da gucken se, wa?
**»Ich werde nie, was auch passiert, Mannheim
den Rücken kehren. Ich liebe Mannheim. Denn
meine Heimat Mannheim ist das neue Jerusalem.
Und das« steht auch schon in der Bibel.«** Echt? Ich
finde ja, daß Köln das neue Mannheim ist.
**»Das Buch Ezechiel endet z. B. damit, dass das
neue Jerusalem ›Hier ist der Herr‹ heißen soll.
Und wenn man 1 und 1 zusammenzählt, ist klar,
dass keine Stadt so heißen wird. Aber ›Hier ist der
Mann zu Hause, hier ist das Heim des Mannes‹ – da
kann man schon auf Mannheim kommen.«**
Manchmal fehlen einem einfach sogar einfache Worte.

Nur nicht der katholischen Kirche! Der fällt immer was
ein! **»Josef Szuba«** z.B., **»Generalvikar von Speyer«**,
meinte denn auch anläßlich einer Generalaudienz beim
hl. Bimbam Naidoo, ihn und seine christlichen Eierköp-
pe vor etwas Lustigem warnen zu müssen:
**»Bibelstellen darf man nicht allzu wörtlich neh-
men. Und man darf nicht den Leuten drohen:
Wenn ihr nicht betet, trifft euch das Unheil.«**
Aua, aua, aua! Halt mich fest! Ich kann nich' mehr!
Hab Flugzeuge in meinem Bauch.
Moon over Mannheim.

(5. Juni 2002)

Phallus toti

Lieblingsmusiken II

Wenn ich noch einmal beim Deutschlandfunk meine
Lieblingshitparade abliefern dürfte! Säh' die so aus:[#]

(

( )

No

rth-A

merica:

»The Eminem-show« von Eminem.

»Bows against the empire« – Jefferson Starship.

»Dicke, fette Ratten« von Schröders Roadshow.

France, äh, vielmehr Belgique: Douze points!!

»Bien sur on parlera de modernisme«. Adamo.

A f r i c a : S i m p e l S y m b o l P r i n c e .

Australia: Kylie Minogue, »Where

the wild roses grow«. Mit Nick Cave.

England: The Clash. »Sandinista!«

Japan: Alles von Can –

von wegen Klassik!

Und die worldwide

Weltmusik von

Neil Young

und Bob

Dylan.

Und

Zap

pa

Aus der Serie: »Die wirrsten Bildgedichte der Welt«. Und
'nen schönen Gruß an Gerhard Henschel.

Das Volk ist doof, aber gerissen

»Joschka Fischer – Der Unvollendete« von Matthias Geis und Bernd Ulrich

Liebe Leser!

Weil es einfach stimmt und weil's so wunderbar klingt, und weil es sogar Stoiber unfallfrei nachsprechen können dürfte, sollte die Überschrift dieser Arbeit eigentlich lauten:

»Beliebter als Hitler«.

»Joschka Fischer – Beliebter als Hitler!«

(Okay, in gewisser Weise hinkt der Vergleich ein wenig. Aber Goebbels hat ja auch gehinkt, oder?)

((Oder ham wa jetzt auch was gegen Behinderte?))

Warum in Herrgotts Namen, meine Herren und Damen, ist der Joschka Fischer also nun der beliebteste Josef aller Zeiten?

Liegt es daran, daß er so gut laufen kann?

Oder liegt es daran, daß es nicht einen Deutschen gibt, der nicht auch mal gerne in seinem Leben einen Polizisten verhauen hätte?

Liegt es daran, daß erstens die Männer ihn bewundern, weil er die Weiber wechselt wie sie selber nicht mal die Unterhosen, und zweitens alle deutschen Muttis sich deshalb noch Chancen errechnen?

Oder liegt es an seinen politisch extravaganten Sorgenfaltendackelblicken, die die Mädels so putzig finden und alle Jungs intuitiv als das erkennen, was der Joschka mit den Worten auszudrücken beliebt:

»Jeder Mensch hat seine Arschlochseite«?

Meine Damen und Herren!

Den beiden trüben Fischerbiographen Matthias Geis und Bernd Ulrich ist etwas sehr Lustiges passiert! Sie wollten nach eigenem Bekunden »**helfen, gängige Klischees aufzubrechen**«, und gegen ihren Willen haben sie es tatsächlich auch geschafft.

»**Seine Geschichte soll uns nicht dazu dienen, irgendetwas zu attackieren oder gutzuheißen, wir möchten etwas erzählen und – verstehen.**«

Und in der Tat haben sie es verstanden, dem durch Westerwelle etwas verwässerten Begriff »Opportunist vom Keitel bis zum Jodl« wieder »**ein Stück weit**« Leben einzuhauchen:

»**Wenn Fischer mit anderen Politikern trauert, dann schaut er am traurigsten. Wenn er neben Bischöfen steht, wird er zum Kardinal. Und in Israel wachsen ihm, wenn er nicht acht gibt, Schläfenlocken.**« Und Geis und Ulrich philosophieren wickert-, wenn nicht gar hegelhaft hinzu:

»**Das ist kein Selbstverlust, eher das Gegenteil: Auch in seinen vielfältigen Wandlungen bleibt Fischer mit sich identisch.**«

Und mit sich identisch! – das ist es, wonach die Deutschen dürsten, seitdem sie von den Bäumen hüpften, und was der Welt grad noch gefehlt hat.

Weil jedoch – wie eine alte Volksweisheit auch weiß – ›das Volk doof, aber gerissen‹ ist, haben wir hier, wir eingeborenen Dialektiker hierzulande, auch zwei unterschiedliche, erfolgreiche Arten des Opportunismus anzubieten:

Für den 100% ›nur-doofen‹ Teil der Deutschen gibt's den Riesenhaufen gelben Auswurf mit dem schönen Namen Möllemann, der mit seinen 18% auch noch arg bescheiden tiefgestapelt hat. Die restlichen % aber stehen hinter dem Gerissenen, weil sie zurecht vermuten:

›Auch wenn wir privat so denken wie die 18% ... Wenn wir in Zukunft in der Welt wieder was zu sagen haben und außerdem im Urlaub von Ausländern keinen in die Fresse kriegen wollen, dann soll der Fischer den Führer machen. Der hat die größte Klappe, der hat uns mit Hilfe der Kosovaren vom Auschwitz-Knacks befreit und der interessiert sich für Politik genauso wenig wie wir und für uns. Sondern nur für die Macht, und das macht er gut!‹

Oder wie es halt aus Matthias Geis und Bernd Ulrich schalmeit und jubi-, deliri- und tiriliert:

»Fischers Leben hält zahlreiche Beispiele für eine gewisse Gleichgültigkeit gegenüber dem Gehalt von Politik bereit: Er war Hausbesetzer ohne Interesse an Häusern, Umweltpolitiker ohne Interesse an der Umwelt, Grünenpolitiker ohne Interesse an den Grünen.

Und dennoch ist die Emphase, mit der er seine jeweilige Politik begründet, alles andere als bloße Verstellung eines gewieften Opportunisten: Ach was! **Denn Fischer tut nichts, wovon er nicht überzeugt ist.«**

Oder wie Adorno mal gesagt haben soll: »Ein Deutscher ist ein Mensch, der keine Lüge aussprechen kann, ohne sie selbst zu glauben.« Und wenn die Deutschen überhaupt ein Gefühl für irgendwat haben, dann dat Gefühl für dat Gespür, dat dat da einer von uns ist! (Und wenn er tausendmal aus Ungarn stammt.)

Und daß der Josef nicht über seine Vergangenheit stolpern konnte ... ach du lieber mein Sponti! Wenn das jemals unter uns auch nur annähernd ein Kriterium gewesen wäre, säßen wa heute noch alle im Morgenthau auf 'nem nazifreien Kartoffelacker rum!

Und da für lebenslange Nazis dasselbe gilt wie für konvertierte Mollywerfer, konnte Madeleine Albright ihren verlorenen Sohnemann auch mamamäßig mit den Worten betüddeln:

»Ich wußte ja, daß du ein schlimmer Junge warst, aber so schlimm! Interessant.«

Was bleibt?

»Sein Leben war immer recht unbehaust. Ein Tramp noch mit fünfzig. Und immer noch kein Spießer.«

Ja jut, aber wie geht's weiter?

Eine an und für sich keine falsche Bewegung wie die Grünen hat Superjoschka binnen zweier Dezennien zu einem militanen Fischerchor zusammengejodelt, er hat, so hyperventilieren die Fischerautomaten Matthias Geis und Bernd Ulrich mit Zimbeln und Teutonen, **»innerhalb von 6 Jahren 4 mal seine Position zur Kriegsfrage verändert: Erst keine militärische Intervention, dann keine mit deutscher Beteiligung, dann deutsche Beteiligung nur bei Völkermord und jetzt uneingeschränkte Solidarität.«**

Und morgen die ganze Welt.

Also, welche prima Probleme soll er, kann er, wird er – der Superjoschka – morgen wieder lösen?

»Ohne die Grünen ...« und die sind nun nach Sicht der Dinge so was von unnötig und **»anämisch«,** ...äh blutleer! **»müsste er, wenn nicht die Politik, so doch das Land verlassen ...«** ach, komm! Der Arme! **»...und auf die internationale Bühne wechseln.«**

Genau. Zum Bundespräsidentwerden isset nämlich noch wat früh für den Ex-Oberputzgruppenführer. Deshalb wird er wohl oder übel Deutschland verlassen müssen – und Papst werden.

Diese Option hat er sich jedenfalls, clever wie er ist, auch noch offen gehalten:

»Ich bin nicht selbst eingetreten, also trete ich auch nicht selbst aus. Warum sollte ich austreten? Meine Mutter und die Mutter Kirche haben das aus mir gemacht, was ich bin.« Ein pfundskerliger Pfaffenpfiffikus nämlich mit Haut und Haaren und vier katholischen Pferdefüßen.

Und wenn er erst mal Papst ist, wird er wohl flotti et urbi et orbi so 'ne Art Rotationsverfahren für das vielfaltige Sorgendackelamt Gottes einführen ... und danach entweder das Weltall übernehmen oder endlich wieder nach Hause kommen.

Um Weizsäcker zu werden.

Ich freu' mich schon.

Nachtrag:

Weil man gute Witze ja so furchtbar schnell vergißt – nur zur Erinnerung:

Nach 56 Jahren laufen deutsche Soldaten zum ersten Mal wieder mit – unter Anheizung ihres ersten grünen Außenministers!

Über mangelnde Identität kann sich dieser Stamm nu' wahrlich nich' beklagen.

Und fragen se jetzt nicht: ›Ja, was hätt' Superjoschka denn ander's machen sollen?‹

So is dat nu' mal mit de Identität: Einmal Identität – immer Identität.

Gute Nacht.

(20. Juni 2002)

»Für heute reicht's, Herr Heise!«

»Nach dem Pisa-Schock –
42 Plädoyers für eine Bildungsreform«
hrsg. von S. Gabriel, P. Müller, B. Fahrholz

(Undialektischer Besinnungsvortrag,
gehalten auf der Abschluß-Gala von »Schule & Co«, einer
prinzipiell gut gemeinten Pädagogen-Initiative, aber
gefeaturet vom Kultusministerium NRW und gesponsert von
der Bertelsmannstiftung.
Im Folgenden nun der Text inklusive Erlebnisbericht)

Meine sehr verehrten Damen und Herren!

Ich bin gebeten worden, hier einige witzige Worte zur Pisa-Studie erklingen zu lassen, und weil Sie aus verständlichen Gründen das Wort Pisa nicht mehr hören können, will ich das auch gerne machen.

Nur ist mir dummerweise irgendwie der 50. Geburtstag der *BILD*-Zeitung dazwischen gekommen! Aber manchmal ist man ja auch in gewisser Weise machtlos.

Einleitung:

Nach dem diesjährigen Amokschützenfest von Erfurt ist allgemein viel über Gewalt andiskutiert worden. Und da ich ja auch mal zur Schule gegangen bin, wollte ich meine Rede zunächst mit einem Beitrag eröffnen zum Thema: ›Lehrer, die wir laufen ließen.‹[#]

(Leichte Irritation im Publikum)

[#] In Anlehnung an eine spaßige Ex-Schüler-Serie über Lehrer auf der *taz*-Wahrheit-Seite.

Dann habe ich mich jedoch selbst eines Besseren belehrt und mir den bundesweiten Konsens zu eigen gemacht, daß der Schützenkönig Robert Steinhäuser sich wohl die Falschen vorgeknöpft hatte.

(An dieser Stelle verließen bereits die ersten Lehrer und Ministerialdirigenten den Saal)

Obgleich abweichendes Verhalten da drüben ja Tradition hat. Schon Martin Luther hatte sich seinerzeit geweigert, Erfurter Studenten zu unterrichten, nur weil die nichts Besseres zu tun hatten, als über Tische und Bänke zu springen und Kirchen und Seminarräume zu verwüsten, und dabei noch zu rülpsen und zu furzen.

Und wenn ich sage »nichts Besseres«, dann meine ich auch nichts besseres.

(Unruhe und verwirrter, einzelner Zuspruch aus undefinierbaren Richtungen)

Hauptteil:

Liebe Lehrer, liebe Eltern, liebe Frau Minister Behler! Liebe Schüler und Schützen von morgen!

Aus – wie auch immer – unterrichteten Pädagogenkreisen wurde mir das folgende Papier zugespielt:
»Nach dem Pisa-Schock – 42 Plädoyers für eine Bildungsreform«, herausgegeben von den zwei **»Ministerpräsidenten Sigmar Gabriel«** (sozialdemokrat.) und, **Peter Müller«** (christdemokrat.) und **»Bernd Fahrholz, dem Vorstandsvorsitzenden der Dresdner Bank«** (kapitaldemokrat.):
»Ein Band mit tzsweiunvierrrzich ssäährrrr, ssäährrrr ssläächten Aufssätzssen un noch ssläächteren Ässääijsss«, wie Reich-Ranicki ›sso ssssagen‹ würde, »aber ein sssäährrrr, sssäährrrrr wichtigesss äh Buch.«
Denn es wird wohl als *das* Grundlagenwerk für die

112

nächste deutsche Bildungskatastrophe in die Annalen eingehen – und vor allem bei der Ursachenforschung künftig epidemisch sich ausbreitender Schulschützenfeste eine extreme Rolle spielen müssen.

Doch bevor der Ernst blutig wird, will ich noch ein paar coole Witze erzählen!

(Gelächter im jugendlichen Teil des Publikums
bei dem Wort ›cool‹)

Zitat aus dem coolen Klappentext:
»Mit dem vorliegenden Band wollen 42 prominente Autoren aus Politik, Wirtschaft, Wissenschaft und Kultur die Debatte mit neuen Impulsen und Ideen beleben.«

»42 prominente Autoren aus Politik, Verbrechen und Schülerverarsche« wäre der Wahrheit für meine Begriffe eventuell 'ne kleine Idee eher näher gekommen. Na, eh wurscht.
»Eliten schulen!« **»Eliten schulen!«**
»Deutschland braucht Eliteschulen!«
»Deutsche Bildung muß wieder Weltspitze werden!«
»Denn wir sind ein Volk ohne Öl!«
»Ein Volk ohne Ressourcen!«

(Ab hier begann ich mich zu langweilen.
Und dachte: Da müssen noch paar Witze rein!)

**»Und Deutschland hat nur eine Ressource
und das ist seine Bildung!«**

Super! Setzen! Sehr gut! Deutschland vor – noch'n Tor!
Der Neger hat die Banane, wir Deutschen brauchen ...
»Eliteschulen!«
Und damit das auch so bleibt, brauchen wir Deutschen
»Eliteschulen!«
Und wenn die Eingeborenen von Bremen, Hessen und

NRW die intellektuellen Schlußleuchten bleiben und unbedingt zu Negern mutieren wollen, dann brauchen wir eben in Bayern jede Menge
»Eliteschulen!«
Meine Damen und Herren! So sieht eine deutsche Bildungsoffensive von *»Hoffmann und Campe«* aus.

Und zwar genau so:
14, fast schon schöngeistig zu nennende Beiträge stammen von sog. Promis aus der sog. **»Wirtschaft«**, also von hochgebildeten, intelligent lang- und breitgezüchteten Mitgliedern der deutschen Großbourgeoisie, u.a. von ...

(Zuruf: »Gibt's doch gar nich' mehr!«)

... ja Moment! U.a. von solchen Eliten wie:
**»Günther Fleig – Vorstand von Daimler,
Heini von Pierer – Vorstand von Siemens,
Wendelin Wiedeking – Vorstand von Porsche**
und von **Fahrholz** vonner **Dresdner Bank«**...

(Zuruf: »Ach so, die!«)

Ja, die. Mich wundert nur, daß nicht auch noch der Kölner Elite-Müllmann Trienekens seinen Elite-Senf dazugequatscht hat.
Aber denen nun vorzuwerfen, sie kümmerten sich nur um die Bildung krimineller Banden, ja, mein Gott! Das hieße ja, ich hätte deren Beiträge nicht gelesen! Denn dort fordern sie doch noch viel, viel mehr, nämlich:
»Eliteschulen!«

11 weitere, einigermaßen besinnungslose Aufsätze haben sich die Herren **»Wissenschaftler«** ausgedacht, die ausnahmslos an höchstsensiblen Projekten arbeiten wie **»Humankapital und Wachstum«** und globalisierter Halsabschneiderei!

(Allgemeine Heiterkeit im pädagogischen Fachpublikum
bei dem Wort ›Wissenschaftler‹)

Oder sie sind Geschäftsführer von Gagagesellschaften
mit so lustigen Elite-Namen wie »**Goodwill communi-
cations management consultants**«
Und deren Expertise ihrer Pisa-Exegese lautet .. na?
Äh: »**Eliteschulen!**«

(Allgemeine Heiterkeit –
wahrscheinlich wegen Running-Gag »Eliteschulen!«)

Ansonsten wackeln die goldigen Proffs mit ihren durch-
geistigten Schwänzen so lange durch die Deutsche
Dresdner Bank, wie sie für ihre Wissenschaft von Elite-
Didi bezahlt werden, ihrem Ex-»**Arbeitgeberpräsiden-
ten Dieter Hundt**«, von diesem »**Hundt**«, der hier
auch vertreten ist mit der kolossal neuen Reformparole:
Wuff! Wuff! »**Nicht für die Schule, sondern fürs Leben.**«
Wackeln und dackeln wir durch ...

(Zuruf: »**Eliteschulen!**«)

Richtig! »**Eliteschulen**«.

(Singuläre Klatscher aus der kritischen Gesamtschulecke)

Und bei »Wackeln & Dackeln« simma auch schon bei
den Politikern! Von denen haben sogar ganze 15 Exemplare bei diesem Glanzstück deutscher Elite-Prosa mit-
gewirkt.

(Zuruf: »Hört, hört!«)

Da ich zwischen denen jedoch beim besten Willen keine
Unterschiede entdecken konnte, greife ich nur kurz
einen von den 15 Politstrategen raus, der dann aber
auch wirklich reichen sollte ...

Nee, Weizsäcker ist diesmal nicht dabei gewesen.
  Aber so'n ähnlicher Typ:

»Guido Westerwelle«!
Meine Damen und Herren!
Ich bitte Sie!!
»Guido Westerwelle!«

(Großer Lacher)

Ein Mann ... äh, ja, ein Mann, der sich Zahlen auf seine
Schuhsohlen malt ... äh!
  Ein Mann ... nein, eine Type, die mit einem ›Guidomobil‹ durch die Gegend fährt!!! ... äh,
  ich sag's noch mal:
  Ein erwachsener Mann, der mit einem ›Guidomobil‹
durch die Landschaft gurkt ...
  sag mal ... mit einem ...
  ›Guidomobil‹ !!!
  Was sind alle Pisa-Schocks der Welt gegen ein einziges ›Guidomobil‹?

(Ich glaub', da hatte ich meinen ersten Zwischenapplaus.)

Und dabei fällt mir noch'n Witz ein:
  Möllemann! Kennen se den?
  »Möllemann war mal Bildungsminister!«
  Der war gut, ne?

(Zuruf:
»Na ja, so la la!«, »Kenn ich nich«, »Möllemann is super!«
usw.)

Eben. Das nur zu den vielen Werten, die bei der Jugend
alle verloren gegangen sind oder sein sollen.

Schluß:

So, und jetzt der Schlußteil.
   Kultur ist angesagt! Preisrätsel!
   Meine Damen und Herren! Aufgepaßt!

Der einzige Bildungsbeiträger in diesem Trauerspiel von
Hoffmann und Campe, der im weitesten Sinne über-
haupt irgendwas mit Kultur zu schaffen haben könnte,
ist von Haus aus freier Journalist, dead- und headline-
art-director und schnellster Zeilenschänder, wo gibt.
   Die 11-Million-Euro-Frage!
   Bidde schön:
   Wer hat's geschafft, das Folgende zu Papier zu brin-
gen:
   **»Kompetenz kann nur erwerben, wer zu den
   Meldungen Distanz bewahrt, wer gleichsam liest
   wie ein Lehrer bei der Durchsicht der Klassen-
   arbeiten: immer mit einem Bleistift und jedem
   Fehler auf der Spur: Stimmt das Wie, Wo, Wann?
   Ist handwerklich sauber gearbeitet worden?«**
   Na? Wie sieht's aus? Is der Groschen schon am fallen?
   Also weiter – und er wird sogar poetisch:
   **»Sind Meinungen klar von Fakten getrennt,
   wird auf Zweifel hingewiesen?
   Wird rhetorisch aufgedonnert
   oder nüchtern nur beschrieben?«**
   Meine Damen und Herren!
   Ihre Joker sind alle weg, das Volk ist befragt,

(Ausgelassenes Gelächter in der Lehrerschaft
bei dem Wort ›Joker‹.)

... und Ihre Tischnachbarn haben auch keene Ahnung!
   Macht aber nix!
   Hier haben se noch zwei Chancen:
   **»Und sind die Quellen verlässlich oder
   zumindest so gekennzeichnet, dass**

117

**sich jeder selbst seinen Reim machen kann?
Nicht erst seit dem Golfkrieg kennen
wir den Stellenwert der Propaganda ...«**
Also, Goebbels kann's schon mal nicht gewesen sein.
Wer hat's gesagt? Hätten Sie's gewußt?!
Nein, meine Damen und Herren! Daß der »**Chefre-
dakteur der Bildzeitung Kai Diekmann**« –

(Schweigen im Walde)

neben Guido Gagawelle natürlich –

(Lacher)

überhaupt in einem Buch über Bildung ... äh ... das sich
... äh ... mit Bildung ... also ...

Oder anders ausgedrückt:
Ein gestandenes Riesen..äh wie Kai Dickmann ...

Oder näh ... anders:
    Ein stilvoller, distinguierter, allseits und rundum
kultivierter Kultur- und Zeitungsmann wie äh ... Kai
Dieckmann ...

Näh, noch anders! Ganz ruhig! Noch mal ganz von vorn:
    Meine Damen und Herren,
die Baader-Meinhof-Fraktion hat sich ja aufgelöst ...

(Hier und da Unruhe)

... und eine Welt, die sich immer mehr dem Antlitz eines
Dieckmanns anverwandelt, ... gebiert vor allem äußerst
wirre Menschen, ...

(Scharren mit den Füßen)

... und unter denen wird es mit Sicherheit auch Leute
geben, ... die, wenn gar nichts mehr hilft, auch Adressen

118

lesen können ... und irgendwann auf alles ballern werden, was nach Scheiße riecht.

> (Da wurde es dann merkwürdig stille im Saal.
> Deshalb hab ich noch hinzugefügt:)

Ach, und noch mal zu Möllemann!
Ohne Verlaub! Herr Möllemann, ein antisemitisches Arschgesicht wie Sie ist dann natürlich extrem gefährdet.

Pardon! Wie gesagt:
Irgendwie is mir die *Bild*-Zeitung dazwischengekommen.

> (Der Schluß-Applaus war dann relativ verhalten.
> Und so hörte ich mich noch sagen:)

Hm, weiß jemand, wo der Möllemann wohnt?
Danke.

Nachtrag:
(Am Ende der Veranstaltung meinte der Herr Moderator, der WDR 2-Wichtigmann und kleine Fozzemann Tom Hegermann, der sich da die ganze Zeit einen zusammenmoderiert hatte, aber noch verkünden zu müssen:
»Ein paar Worte zu dem Kabarettisten! Meine Damen und Herren! Tucholsky hat zwar gesagt, Satire dürfe alles. Ich aber meine: Satire muß nicht alles!«
Worauf er tosenden Applaus erhielt.

Da hab ich mir gedacht:
Na, bitte. Geht doch.)

Gute Nacht.

(16. Juli 2002)

Rot-grün ist die Haselnuß

»Und sie lieben mich doch«
von Heino

Liebe Leser!

Hin und wieder, so schreibt Herr Heino, »**zischt**« er »**sich schon mal ein Bierchen.**« In seiner Autobiographie alleine 7 Mal. Oder er macht in rheinischer Runde »**mit paar juten Freunden verjnügt ein Prösterschen.**«

Aber nur ein einziges Mal, sagt er – und den Ausdruck kannt' ich bis dahin noch gar nicht: »**Da war alles Bier.**«

Nein, Heino ist nicht der große, blonde Trinker! Heino ist »**der große blonde Sänger mit dem wunderbaren Bariton.**«

Und Heino erzählt:

»**Man fragt mich immer wieder:**

›**Herr Heino, sind Ihre Haare wirklich so blond?**‹

Dann sage ich:

›**Ja. Ich bin naturblond, habe nur wenige Haare.**‹

Und dann fragt man: ›**Tragen Sie eine Perücke?**‹

Dann sage ich immer: ›**Nein! Denn ich trage keine Perücke – ich trage ein Haarteil, etwas ganz kleines oben drauf.**‹«

Meine Damen und Herren, es ist schon eine komische Geschichte, wie der Heino zu diesem Haarteil gekommen ist. Möchten Sie sie hören? Aber natürlich wollen Sie sie hören!! Na denn. Hau rein, Heino, is Tango!

»**Es ist eine komische Geschichte, wie ich zu diesem Haarteil gekommen bin. Es war 1965 oder 1966, ganz am Anfang meiner Laufbahn.**

120

Mein Freund Dieter Wolf, mit dem ich ein Trio gegründet hatte, – ein Trio! äh, uno, duo – Trio – ließ sich ein Haarteil machen. Es sah toll aus, und ich wollte so etwas auch haben.

Also hat Dieter mich zu seinem Friseur geschleppt, und der hat mir ein kleines Haarteil anfertigen lassen. Ich fand mich unheimlich chic mit diesem Aufsatz. Ich behielt das Haarteil immer auf, kämmte wenig, bürstete gar nicht, es war ja so bequem.

Eines Tages sah ich ohne Haarteil in den Spiegel – und war entsetzt. Da hatte sich eine richtige Platte gebildet. Ich mein, ich hab ja auch viele Platten! Nun brauchte ich das Haarteil wirklich.

Inzwischen verfüge ich über mehrere Haarteile, das ist hygienischer.

Bis vor 2 Jahren hatten sie einen ziemlich konservativen, unmodernen Schnitt. Bis mich mein Friseur Bernd Klever aus Düsseldorf ansprach: ›Hör mal, Heino, mach das Ding doch wenigstens ein bißchen kürzer. Das sieht moderner aus.‹

Ich hatte Bedenken, ich wollte ja gar nicht modern aussehen. Aber ich ließ mir von Bernd Clüver äh Klever dann doch eine Igelfrisur verpassen. Junge Leute in einer Fernseh-Sendung fanden das super und sagten: ›Heino, du siehst viel jünger und poppiger aus!‹

Seitdem fühle ich mich viel wohler. Das kurze Haar läßt sich besser pflegen. Und man muß et auch nicht immer so oft kämmen und bürsten.

Und mich beruhigt der Gedanke: Ich bin ja nicht der einzige in der Showbranche, der ein Haarteil trägt. Andere haben auch noch ein Gebiß.«

Liebe Leser,
der Heino ist keiner, der sich schont! Auch nicht engste blitzgescheite Wandergefährten wie seinen Manager

Ralf-»Babysitter Boogie«-Bendix. Aber am allerwenigsten schont er – wie gesagt – sich selbst:

»Ralf Bendix, ein blitzgescheiter Mann, knobelte auch mein Image aus. ›Heino, du mußt arm und einsam sein, blaß aussehen und schön singen. Das ist dein Job, und sonst nichts. Ein Sänger hat nicht zu sprechen, ein Sänger hat zu singen! Je weniger du sagst, um so mehr müssen die Leute deine Platten kaufen.‹

Die Strategie von Ralf Bendix, liebe Leser, war gar nicht so schlecht.

Die Strategie von Ralf Bendix war klug. Denn wenn der Interpret im Radio oder in der Zeitung irgend etwas daherredet, geht der Traum schnell kaputt. Selbst ein Foto kann schon die Illusion zerstören.

Und was war mit der Kleidung? **Er hat auch meine Kleidung festgelegt. ›Du trägst von nun an immer Rollkragenpullover.‹** Ah, sehr clever!

Auch das war schlau. Sehense?! **Freddy trug Rollkragenpullover, er war der Seemanns-Sänger, und jetzt kam ich mit dem Seemanns-Dreß, ...** hey, wußte da nicht jeder sofort, wo es langging!? **... da wußte jeder sofort, wo es lang ging.**

Irgendwann hatte ich an die 100 Rollkragenpullover im Schrank.« Äh ...

Odel hundelt Lollklagenpullovel, wie del Chinese sagt.

Und so, meine Damen und Herren, bekam das deutsche Volk genau das, was es verdient hatte:

»Die schwarze Barbara« und **»Mohikana Shalali«,**
»Ich hab Ehrfurcht vor schneeweißen Haaren«,
»Halli hallo, wie fahren«.
Und **»Sing mit Heino«,**
Folge 1 bis 100 000.
»Halt dich fit – wander mit«,
»Erzherzog Jodler Johann«,
»Komm in meinen Wigwam!«

Und nicht zu vergessen:
»Heino – Die schönsten Seemanslieder«,
»Heino – Die schönsten Wanderlieder«,
und **»Heino – Die schönsten Weihnachtslieder«.**
»Heino – Die schönsten Fahrtenlieder«,
»Heino – Die schönsten Heimatlieder«
und **»Heino – Die schönsten Jagd- und Heidelieder«** undundund undundund und undundund.
Insgesamt über – höre, staune, gute Laune – 160 Langspielplatten.
Und **»La paloma ohe, einmal wird es vorbei sein.«**

Und kurzfristig, liebe Leser, schien es auch so.

Denn Ende der 70er stellte sich nach 20 erfolgreichen Jahren Heinos Manager, der Rollkragenpullover-Verkäufer **»Ralf Bendix«,** als das halbseidene Genie heraus, das er schon in der Zeit gewesen war, als er für dasselbe Volk das schöne **»Horst Wessel-Lied ›Die Fahne hoch ...‹«** produziert hatte:

In den 2 Moneten-prallen Jahrzehnten von Anfang 60 bis Ende 70 hatte der geübte Volkswirt (neben den üblichen 20%) stickum nicht nur Heinos Hälfte der **»EMI«**-Jahresgarantie von 820 000 Klunkern abgegriffen, sondern auch die komplette Kohle vonna **»GEMA«.**

Als diese Bendix-Nummer durch 'ne unbedachte Äußerung ans kleinkriminelle Tageslicht kam, durfte er seinen hübschen Tirolerhut nehmen, von dem sie immer so hübsch gesungen hatten. (Oder war'n die dat gar nich'?)
»Nach so vielen Jahren begriff ich endlich: Da hatte offenbar jemand doppelt abkassiert.«

Heino aber war ja von seinem Appendix mit der alten Seemannsmaxime großgemacht worden:
»Ein rechter Seemann trägt erstens einen Rollkragenpullover. Und zweitens hat ein Sänger zu singen, und nicht zu sprechen!«
So war denn auch in dem Fall alles klar.
»Ich protestierte nicht«, resümmiert der Heino.

»Im Grunde war es mir egal. Mir ging es immer nur um das Singen.«

Und das, meine Damen und Herren, ist doch wiederum ein wirklich feiner Zug vom Heino.

(Wenn's sich nicht grad um diese todbringende, schlimme Musik handeln würde.)

Hallo, halli, Mohikaner Shalali!
Caramba, Caracho, ein Bierchen!
Und Heino – die schönsten Liebeslieder.
Ogottogott.

Wildgänse rauschen durch die Nacht!
Gute Nacht.

Nachtrag:
Liebe Leser!
Ob blond wie Heino oder noch blonder wie Bendix – die Lebensbeichte »**Sie lieben mich doch**« wartete in Wirklichkeit noch mit ganz anderen Realitäten auf!

Getreu dem Helmutkohlschen superlativen Komparativ, getreu der Pfälzer Pleonastik:

»Die Wirklichkeit ist anders als die Realität!«

Und dabei will ich gar nicht Heinos wild verquarktes Liebesleben mit der blonden Jodelmaus »**Hannelore von Auersperg**« breittreten. Manche Dinge sollten sowieso besser hinter verschlossenen Türen bleiben.

Wie ich auch über Heinos »**Hobbys**« normal den Mantel der schweigenden Mehrheit ausbreiten würde – außer über sein Faible für »**Kreuzfahrten**« quer durch die multikulturellsten Weltgeschichten.

Die unglaublichen Vorzüge von so Dampferrunden preist er z.B. mit den folgenden knappen Worten an:

»**So ein Schiff ist ein schwimmendes Hotel, in dem der, der das will, unglaublich viel erleben**

124

kann. Man kann unglaublich viele Kurse belegen: Pastell-Malerei, Porzellan-Malerei, Seiden-Malerei, naive Malerei und Aquarell-Malerei.

Liebe Leser! Wenn Sie nu meinen: ›Das war's ja wohl!‹ – Nix da! Geht noch weiter:

Linolschnitte, Karikaturen zeichnen, Blumenstecken, Bridge-Unterricht, gesellschaftliche Etikette, Emaillier-Arbeiten, Video, Farb- und Stilberatung, Jazzdance, Kochkunst, Marzipan-Gestaltung, Meteorologie, Modeschmuck-Herstellung, Sticken, Töpfern, Computer-Bedienung, Tischkultur, Wassergymnastik, Zuckerbäckerei, Zaubern und Rhetorik.«

Ja, vor allem Rhetorik.

»Es gibt Geographie-Vorträge, Finanz-Seminare (!), und ... « äh **...»Gedächtnis-Training.«**

Nein, was mir mehr zu schaffen machte, war was ganz was anderes. Zum Beispiel so was wie das:

»Es ärgert mich maßlos, wenn das Aufkommen eines ekelhaften Neo-Faschismus heute mit mir in Verbindung gebracht wird. Mir kommt die Galle hoch, wenn ich mit diesen Schlägertypen, diesen Gedanken, diesen Zielen in einen Topf geworfen werde.

Wer Hitler-Bilder und NS-Symbole hortet, wer den industriellen Massenmord von Auschwitz leugnet, der verstößt gegen bestehendes Recht. Warum es nicht rigoros angewendet wird, verstehe ich nicht.«

Als ich das las, dachte ich: »Ähäähööhäöä, wie bitte?!«

Doch Heino war nicht mehr zu stoppen:

»Es schmerzt mich schon sehr, dass ich immer wieder von manchen Leuten für eine Art Symbolfigur der Rechten gehalten werde. Es kann doch nicht sein, dass ich mit brauner Farbe abgestempelt werde, nur weil ich schöne deutsche Lieder singe.« Na, ja.

»Dabei waren diese Lieder einmal ein Ventil gegen den autoritären Staat. Sie waren Ausdruck einer Sehnsucht, aus dem System von Kaiser, Militär, Drill und Kadavergehorsam herauszukommen.« Hm.[#]

Gut, der Song »**Mohikana Shalali**« steht jetzt nicht unbedingt in dieser Tradition.

Andererseits verstößt es ja auch nicht gegen die guten Sitten, wenn Heino schreibt: »**Im Grunde meines Kinderherzens war ich Kommunist.**«

»**Als ich später meine Stimme abgeben durfte, habe ich immer SPD gewählt. Herbert Wehner, Fritz Erler, Carlo Schmidt und Willy Brandt waren die Männer, zu denen ich aufschaute.**«

Näh! Et wächst eben doch zusammen, was zusammen wachsen will.

»**Deshalb habe ich es auch nie verstanden, warum ich ausgerechnet aus Kreisen der Partei, die ich wählte und bewunderte, immer angeschossen worden bin.**«

(Allerdings verlosch die deutschstämmige Liebe zu Willy Brandt schlagartig, nachdem der SPD-Chef aufgrund eines Missverständnisses 1977 öffentlich erklärte: »**Heino ist für uns gestorben!**«)[##]

Wir sehen: So stumpf ist der Heino gar nicht gegen Eichenfurnier gelaufen!

»**Im Grunde tendiere ich zu den Grünen.**«

Däh! Scheisse! Kaum hat man ihn gelobt, macht er auch schon alles wieder kaputt.

»**Ich habe ja auch schon mal ein Protestlied gegen das Abschlachten von Robben gesungen.**«

Selbst wenn das nicht von ihm stammen sollte – was steht, das steht.

Das war die Nationalhymnen-Nummer mit allen deutschen Strophen. Wer die Heino-Version hören will, muß sein Buch lesen. Soviel Spannung muß sein.

Okay, süßen kleinen Robbenbabies die Birne einschlagen, tut man auch nicht und sollte mit allen Mitteln angeprangert werden! Sogar mit Bariton und Lautenschlägen.

Aber weiter!

»Um ein Haar wäre ich sogar bei den Grünen gelandet.« Is' nich' wahr! Echt?

»Kurz nach ihrer Gründung kamen ein paar Grüne in mein Haus und wollten mich für ihre Partei gewinnen.

Ich war leider nicht da ...«

Meine Damen und Herren, rot-grün is die Haselnuß!

Man muß die SPD nicht mögen, und die Grünen erst recht nicht. (Heinos Lieder, Land und Leute übrigens und Weizsäcker auch nicht.) Aber:

Nach der Lektüre verspürte ich plötzlich die unbändige Lust, mit Herrn Heino mal das eine oder andere Bierchen zu zischen.

Gute Nacht.

(6. Juli 2002)

Buddha bei die Fische
Letzter Teil

»Das Buch der Menschlichkeit –
Eine neue Ethik für unsere Zeit«
vommm Dalai Lama

Liebe Leser!

Der 14. größte Spaßvogel vom Himalaja, unser süßer Dalai Lama, hat wieder mal 'nen ultimativen Durchblick- und Erkenntnishammer auf den Weltmarkt geworfen:
»Das Buch der Menschlichkeit – Eine neue Ethik für unsere Zeit«!

Negative Existenzen wie Sie, meine Damen und Herren, werden selbstverständlich sofort rumkrakeelen:
»Ommmmmmmmmmmmmmmmmmmmmmmm!
OmmOmmOmm! Un' guten Tag!
Hallo, Dalai! Hallo wach!
Hammer Lama, hammer Hammer!
Hammer Hammer, hammer Durchblick!
Hammer Dalai, hammer Meise!
Hammer hammerdicken Hammer-Tick!«

Ich aber sage:
OmmOmmOmm un' gute Nach'!
Hammer Lama, simma wach!
Un' so kömma ma zitieren, hach! –
aus dem Klappentext vom »*Lübbe-Verlag*«:
»Niemand ist berufener als der Dalai Lama, anläßlich des Schritts ins neue Jahrtausend Perspektiven für ein erfülltes Leben aufzuzeigen.
So, so.

Entstanden ist ein geistig-spiritueller Ratgeber, besonders für den westlich geprägten Menschen.« Und das ist beileibe nicht göttergleich auf den Putz gehauen, Großkotz à la Großkotz oder Omnipotenzphantastik hoch Wünschdirwas, wie wir es alle nur zu gut noch von Weltverbesserern wie Horst Tappert, Adolf Hitler, Pol Pot, Iwan Rebroff und Norbert Blüm in Erinnerung haben.[#]

Denn an keiner Stelle in seiner **»Menschlichkeit«** sitzt der Lama locker auf 'ner Lama-Decke und behauptet störrisch und dogmatisch: ›Das ist so, und das kann nich anders!‹, sondern rapunzelt 36 mal **»Ich könnte mir vorstellen«**, 185 mal **»meiner Meinung nach«**, 68 mal **»Da bin ich mir nicht sicher«**, 69 mal **»würde aber glauben«** und 99 mal **»sehr wahrscheinlich«**. Zum Beispiel:

»Ich stamme aus Tibet, während die meisten von Ihnen sehr wahrscheinlich keine Tibeter sind.«

Und das ist nicht nur richtig beobachtet, das erklärt auch so manches.

Liebe Leser, kennen Sie einen bescheideneren Menschen als Seine Bescheidenheit, den heiligen Dalai Lama?[##]

Und mit »bescheiden« meine ich auch bescheiden. Eine Bescheidenheit, die er in einer sehr menschlichen, retardierten Sprachkunst zum Ausdruck bringt, mit einem beeindruckend restringierten Code, der – so wahr ich Wolfgang Lama heiße – einer frühkindlichen Traumatisierung durch jahrelangen Mantra-Terror geschuldet ist.

Auch seine optische Bescheidenheit ist Wesen und Ziel, Weg und Marke zugleich: plattgelatschte Lauf-Lern-Schühchen von Bata Illic, Hemdchen ohne Ärmel-

----

[#] Siehe auch: Norbert Blüm, S. 14.
[##] Eigenem Vernehmen nach hat er aber nur einen harmlosen **»Uhrentick«**. Hahaha, mit ›Urtick‹ hätte er praktisch sogar richtig gelegen!

chen und Brille von einer obskuren, tibetanischen Orts-
krankenkasse.

Liebe Leser! Jeder Autor – und wenn er noch so pille-
palle un' rama-dharma im Kopp is' – hat wenigstens
einen Satz im Repertoire, der dem Bücherfreund zu
denken gibt. Bei mir war es dieser:
   **»Hüte dich davor, einen Kuhschädel auf einen
Schafskörper zu setzen – und umgekehrt.«**
   Nun, daß man normal keinen Kuhschädel auf einen
Schafskörper setzen tut, das wußte ich ja vorher. Säh
auch sehr wahrscheinlich ziemlich seltsam aus.
   Nein, ich meine dieses »**und umgekehrt**«!
   Einen Schafskörper auf einen Kuhschädel setzen!
   Wer tut so was?!
   Warum wird so was gemacht?
   Und wie macht man das überhaupt?
   Ganz abgesehen davon, daß auch das sehr wahr-
scheinlich ziemlich bedrissen aussäh. Ach, is auch egal.

Meine Damen und Herren!
Bücher sollen Freude bereiten. Lesen soll Spaß machen.
Und als Spaßmacher ist der heilige Scherzkeks vom
Dachstübchen der Welt mittlerweile bis in den hinter-
letzten Erdwinkel bekannt wie ein bunter Schneekuk-
kuck, von dem ich gar nicht weiß, wie er aussieht, weil
ich mir den gerade erst ausgedacht habe.
   Diesen Ruhm zu mehren, war wohl sein vorrangiges
Ziel, zumindest wenn man sich seine urkomischen Anek-
doten anguckt, z. B. die Anekdote mit dem ...
   ... ach so, Moment!
   Kurz zwischendurch, damit Sie nicht dauernd denken:
›Verdammt noch mal, worum geht's denn hier eigentlich?!‹

Also: »**Das Buch der Menschlichkeit**« – und ich glaube, ich hatte es schon angedeutet – bin mir aber nicht
ganz sicher – ist sehr wahrscheinlich ein geistig-spiritu-

eller Ratgeber, besonders für den westlich geprägten Menschen.

Et geht permanent nur darum – Zitat, »**wie man wahres Glück findet und Leiden vermeidet.**«

Zum Beispiel so:

»**Ich sagte, dass wir alle von Natur aus nach Glück streben und Leid zu vermeiden suchen.**« 2 Seiten weiter: »**Schon von Geburt an versucht der Mensch, Leid zu vermeiden und nach Glück zu streben.**« Und 3 Seiten weiter: »**Ich glaube, dass uns 2 große Ziele eigen sind: Nach Glück streben und Leiden vermeiden.**«

Liebe Leser! Der Dalai Lama ist nach einer akuten Umfrage bei der westlich geprägten Jugend das Vorbild Nr.1, noch vor der toten Mutter Teresa von Pisa. Wenn Sie die heutige Jugend also verstehen wollen, bitte ich Sie jetzt weiter um Ihre Aufmerksamkeit. Also weiter:

»**Lassen Sie uns nun über das Wesen des Glücks nachdenken. Als erstes ist festzustellen, dass es sich dabei meiner Meinung nach um eine relative Qualität handelt. Was den einen Menschen froh macht, kann für den anderen eine Quelle des Leids sein.**«

Herr Oberhaupt, jetzt aba ma Buddha bei die Fischkes!

»**Die meisten von uns würden entsetzlich darunter leiden, den Rest ihres Lebens im Gefängnis verbringen zu müssen. Doch ein Krimineller, dem die Todesstrafe droht, wäre wahrscheinlich sehr glücklich darüber, wenn sein Urteil in ein ›Lebenslänglich‹ umgewandelt würde.**«

Ja.

Wahrscheinlich.

Sorry, liebe Jugend von Deutschland, abgesehen davon, daß selbst das christliche Mittelalter ein Paradies auf Erden war im Vergleich zur feudalistischen Originalhölle des jahrhundertealten tibetanischen Pfaffensystems (welches zugegebenermaßen mittels chinesischer Menschenrechtspolitik etwas unübersichtlich geworden ist), also, abgesehen von dem und alledem finde ich ja, daß unser Bundesknaller Bruder Rau dieses hirnauflösende Gelaber mindestens genauso gut drauf hat; wenn nicht sogar 10 Mal besser.

Zurück zu der angekündigten Anekdote – einer sehr tiefgründigen Anekdote, mit der das tiefgründige Lama das tiefe Mitgefühl zu allen möglichen Lebewesen ziemlich tiefgründig darstellt. Natürlich mit seinem weltberühmten kleinen, tiefgründigen Schalk im Nacken:
»Ich weiß noch genau, wie ich diese spezielle Lektion als kleiner Junge in Tibet lernte.

Kenrab Tenzin, einer meiner sehr tiefgründigen Betreuer, hatte einen kleinen Papagei als Haustier, den er mit Nüssen zu füttern pflegte.

Obwohl er ein strenger Mann mit hervorquellenden Augen und in gewisser Weise abschreckendem Äußerem war, zeigte dieser Papagei Anzeichen freudiger Erregung, sobald er nur dessen Schritte ode auch sein Husten vernahm. ... Hüstel, hüstel! Als ob 'nem Papagei das Aussehen von so 'nem Heiopei nich' am Arsch vorbeigehen würde! **Während der Vogel ihm aus der Hand fraß, kraulte Kenrab Tenzin ihm den Kopf, was den kleinen Papagei geradezu in Verzückung versetzte.«**
Und jetzt, Spitz, paß auf!
»Ich war sehr eifersüchtig auf diese Freundschaft und wollte, daß der Vogel mir auch solche Zuneigung entgegenbringen sollte. Doch als ich ein paarmal selbst versuchte, ihn zu füttern, reagierte er nicht gerade freundlich. Also piekste ich ihn mit einem Stock.

Aber das war natürlich völlig falsch. Na, vielleicht hatte er ja nur an der falschen Stelle gepiekst!
So lernte ich, daß Freundschaften nicht unter

132

**Druck entstehen, sondern nur als Folge von tief-
gründigem Mitgefühl.«**
Ach so.

Liebe Leser! Papageien pieksen! Kleine, harmlose Papageien! Die einem nich' mal was getan haben! Mit Stök-
ken pieksen! Ja, was soll man denn davon halten?!
Der Dalai Lama sagt hier ja nicht, wie alt er da wirklich war, als das passierte. Mit 4 war er jedenfalls schon
das geistige Oberhaupt aller Tibeter. Und als er den
Papagei piekste, da war er mindestens schon 6!
Ich mein nur:
Wenn das geistliche Oberhaupt aller tibetischen Tibe-
taner kleine Papagaien piekst, nur weil es eifersüchtig
ist auf einen häßlichen, alten Mönsch mit hervorquellenden Glubschaugen ... ja, da will man überhaupt nicht
mehr wissen, was sonst noch alles auf einen zukommen
kann!

Aber wie tiefgründelt schon Herr Dalai, der älter ge-
wordene Lama:
**»Je mehr wir unsere Fähigkeit, tolerant zu sein,
entwickeln, desto toleranter werden wir.«**
Oder wie wir westlich geprägte Menschen zu sagen
pflegen:
»Dash! Denn Dash wäscht weiß – dasher geht's nich'.«

Gute Nacht.

(14. Juli 2002 – französischer Feiertag)

Im tiefen Tal der Tränensäcke

»Tod eines Kritikers«
von Martin Walser

Liebe Leser!

»Da man von mir, was zu schreiben ich mich jetzt veranlasst fühle, nicht erwartet, muß ich wohl mitteilen, warum ich mich einmische in ein Geschehen, das auch ohne meine Einmischung schon öffentlich genug geworden zu sein scheint.«

Das war der erste Walsersatz. Und Spannung pur, oder? Ich hab' gedacht: Wenn der Anfang schon so verkackt ist, kann danach nicht mehr viel kommen.

Dann hatte ich auch Anderes zu tun und habe mir den Rest aufgespart. Bis auf den letzten Satz:

»Aber am nächsten Morgen, nach dem Frühstück zwischen den blau-weiß karierten Vorhängen, ging ich hinauf, sah, zum ersten Mal, zum Fenster hinaus auf eine steil ansteigende Wiese. Es regnete. Der Regen webt mit Wasserfäden das nasse Gewand. Dachte ich. Glasgrün. Zumfensterhinausschauen macht Lyriker aus uns allen. Ich musste mich Näherem zuwenden. Dem nächsten überhaupt. Dem Unaufschiebbaren. Hochgefühl, sei willkommen. Und fing an.«

Ahhh!!! Durch!!! Eine Satire, wie ne Weizsäcker-Rede zum Totensonntag. Ich denk' mal, ein Dichter darf alles sein. Wegen mir auch Antisemit. Er darf auch aussehen wie ein Vertreter für Babyarschcreme. Er darf nur nicht so schreiben.

Gute Nacht.

(18. Juli 2002)

134

Frau Möllemann

»So viel Lust zu leben – Meine Geschichte« von Birgit Schrowange

Liebe Leser!

Als dieses Jahr unser Professor Horst-Eberhard Richter, der große engagierte, belesene sozialdemokratische Planetengesundbeter, der Öffentlichkeit sein neuestes Buch vorstellte »Das Ende der Egomanie«, wußte er wahrscheinlich nichts von Birgit Schrowange.[#]
Meine Damen und Herren! Wer ist Birgit Schrowange?

Jeder, der in den letzten 20 Jahren mal einen Fernseher angeschaltet hat, kann sie nicht übersehen haben. Wenn Ihnen das nicht reicht, würde ich sie so beschreiben: Wer »**Lust hat, zusammen mit Möllemann Fallschirm zu springen**«, ist selber einer.
Und trotzdem noch mal: Wer ist Birgit Schrowange?

Birgit Schrowange kam vom Sauerland über den WDR zum ZDF – »**Ich hab alles genommen, was ich kriegen konnte**« – und landete schlußendlich im billigsten Juxpuff der westlichen Hemisphäre, in Hemishürth, bei RTL.
Und da tut sie »**Anmoderationen**« machen. Für »*Life, die Lust zu leben*« und für »*EXTRA*«, also für die ganz derb Gebeutelten, Bestraften und Extrembeblötschten:

Nicht sein einziger Fehler. Aber dazu ein andermal.

135

»In *EXTRA*, dem Magazin, das ich seit dem Herbst 1994 moderiere, erzählen wir Geschichten von geldgierigen Monteuren, die Wunschmaschinen teuer reparieren, obwohl nur ein Stecker wackelt.« Äh, Waschmaschinen. »Von Vätern, die ihre Familie auslöschen, weil die Schuldenlast drückt, und von Leuten, die eine schlimme Wucherung an ihrem Körper haben und Elephanten-Menschen genannt werden.« Oder Barbara Eligmann. Oder Frauke Ludowig.

»Anmoderationen sind die Visitenkarte des Beitrags und deshalb aller Anstrengung wert. Oft sitzen wir gemeinsam zusammen und basteln an Formulierungen.« Zum Beispiel an dieser, als sie mal wieder über relativ ungewöhnliche Launen der Natur informieren mußte:

»Meine sehr verehrten Damen und Herren! Es gibt Menschen, die sind so häßlich, dass sie froh sein können, sich tagsüber nicht selbst auf der Straße zu begegnen.«[#]

Ich mein', das wird zwar gut bezahlt, aber auch da muß man erstmal drauf kommen! »Sich selbst zu begegnen!«

Beim WDR war das damals noch nicht möglich[##] ...

RTL – Endstation Schrowange:
»Und meine Aufgabe bei ›*Life, die Lust zu leben*‹ war ganz neu für mich: Die Reporterin, die nicht

---

Dieser historisch höchste Pegelstand des investigativen Journalismus ist leider nicht in »So viel Lust zu leben« zu lesen, wurde aber von ihr via RTL genau so in ungezählte deutsche Wohnstuben erbrochen. Und schwupps! Ward sie geboren, eine neue Sternstunde des Fernsehens.
Jedenfalls nicht generell. Nur in so WDR-Sternstunden, in denen z.B. Horst Tappert seinen inneren Tappert verlautbaren ließ: »Mit diesen Skinheads hätte Adolf Hitler kurzen Prozeß gemacht!«

136

nur berichtet, sondern auch fühlt und erlebt und sich nicht scheut, sich der Kamera anzuvertrauen, die jubelt oder scheitert oder schreien möchte vor Freude oder sich am liebsten übergeben will.« Voilà!

Wer zum Teufel ist Birgit Schrowange?

Ihre Großmutter war schon eine ganzganz pfiffige!

»Meine Großmutter trotzte sogar den Nationalsozialisten.« Das ist natürlich immer eine extra besondre Visitenkarte, um nicht zu sagen: *die* Voraussetzung für alles andere:

»Als in der Dorfschule die Christus-Kreuze abgehängt und durch Hakenkreuze ersetzt wurden, rannte sie in die Klassen ihrer Söhne und hängte die Kreuze einfach wieder auf.

Die Gestapo kam bei ihr vorbei, doch sie höhnte: ›Nehmt mich doch mit. Ich habe vier Söhne großzuziehen. Um die müßt ihr euch dann kümmern.‹«

Na, das wollte die Gestapo natürlich um's Verrecken nicht!

Andererseits – man stelle sich vor: Alle hätten das gemacht! Nicht auszudenken! Ich glaube, die Wehrmacht wäre vor Ratlosigkeit über die halbe Welt hergefallen und Hitler und Goebbels hätten sich am Ende womöglich noch mit Blei übergossen oder erschossen.

Nein, so schlimm die Gestapo auch war! – Mein lieber Herr Himmler, vier so kleine Schrowanges hochpäppeln! In solch schwieriger Zeit! Näh, das wollte man selbst 65 Jahre danach den Nazis nicht an den Hals wünschen!

Wer ist bitte Birgit Schrowange?

Weil sie als Baby so schwächelte, wurde sie notgetauft. Und kurz drauf ging das Theater auch schon los:

»Ständig spürte ich das Verlangen, im Mittelpunkt zu stehen. Immer wieder machte ich das Wohnzimmer zur Bühne.« Und »Birgit stört den Unterricht«, stand in jedem Zeugnis.

Sie hat »Schokolade geklaut« und »Unterschriften

gefälscht«, und: »Ich genoß es, mit einem Porsche zur Berufsschule zu fahren.« Ich weiß zwar nicht, wie 'n Porsche aussieht, aber zu meiner Zeit wär' die mit 'nem Porsche nur ein Mal zur Schule gekommen!

Der WDR nahm sie resigniert auf, nachdem sie ihre Machtergreifung mit folgendem Brief angekündigt hatte: **»Sehr geehrter Herr Personalchef, hiermit bewerbe ich mich bei Ihnen um eine Stelle. Ganz egal wo, ganz egal wie. Hauptsache, Sie nehmen mich.«**

Dort war sie dann – so versichert sie an Eides statt – **»sehr ehrgeizig.«** Alles, was Möpse trug, biß sie mobbend in Sekundenschnelle aus der Anstalt, und es gab nicht einen Typen, der auch nur 1 Millimeter über ihr stand und vor ihr sicher war.

»Selbst meinen Chef Klaus Stiebler mochte ich viel zu sehr, als daß ich ihn in seine schrecklichen Konferenzen hätte gehen lassen können – ohne meine niedlichen Nackedei-Fotos, die ich ihm in die Unterlagen schmuggelte.«

Wer is ...

Ich mein', süß isse ja. Und daß so ziemlich jeder Fernseh-Fritze als ausgemachter Weihnachtsganter ihren Karriereweg zu pflastern hatte, muß man ihr letztendlich sogar als Verdienst anrechnen.

Nur, liebe Leser, wenn ihr eine katholische Nonne begeistert schwört:

»Liebe Frau Schrowange, ich weiß, daß der liebe Gott Sie zum Fernsehen geschickt hat«, dann kommen einem doch Zweifel. An der Welt. Im Allgemeinen. An Birgit im Speziellen – und Gott? Na, dem traut man ja inzwischen einiges zu.

Meine Damen und Herren! Falls Sie immer noch nicht wissen, wer Birgit Schrowange ist ...

... lesen Sie doch einfach weiter.

Thema: Männer! Mal was anderes:

»Dieser Abend beim ZDF war aus einem weiteren Grunde ein besonderer für mich. Ein klein wenig hatte ich mich verliebt. In Hellmuth Karasek.«

Hei! Das Traumpaar vom Mainzer Leichenberg!

Spritziger kommt nur noch das Kultpopduo Michel Friedmann, the weizsäcker, und Bärbel Schäfer, das Tier.

»Er wählte seine Worte so vernünftig und verliert doch nie den Faden. Er strahlt Ruhe aus und vermittelt doch den Eindruck eines quicklebendigen Teenagers.« Äh, wie war das noch ma mit dem ›übergeben‹?

Oder: Als sie die Schnauze vom Bypass-Sender ZDF vollends voll hatte und *die* große Chance ervögeln wollte, endlich in einer auswachsenen Abendshow ihre grausame Sauerlandwelt unters Volk zu moderieren, liest sich dieses biographische Detail so:

»Die Situation war klar. Ich entschied mich, aktiv zu werden. Bei genau dieser großen Party der Prominenz in Baden-Baden, zu der ich eingeladen war. Auf der Gästeliste stand ein Mann, den ich unbedingt treffen mußte. Der Mann, der möglicherweise meine Zukunft in der Hand hatte: Dieter Thomas Heck.«

Mamma mia schalala! Wie scheiße muß es einem gehen, wenn man keinen anderen Ausweg weiß, als unbedingt Dieter Thomas Heck kennenlernen zu müssen?!

Liebe Leser!

Birgit Schrowange ist noch eine junge Frau, und wir wollen sie nicht vorschnell verurteilen. Außerdem ist sie – so der *»Econ & List Taschenbuch Verlag«* – »eine aufregende, junge Frau, die ihre Träume wahr macht, die erlebt, was Millionen Zuschauer an den Bildschirmen fesselt.«

Zum Beispiel die Fessel-Nummer von »Paul Hill«, dem amerikanischen Abtreibungsgegner, der wegen der

Ermordung eines Arztes in der Todeszelle saß und nun auf seine eigene Ermordung wartete, aber vorher noch mit der Birgit sprechen durfte.

Die letzten Sätze dieser lebenslustigen Kurzgeschichte gehen bei Frau Schrowange so:

»Der Ausflug nach Florida dauerte vier Tage, viel länger als geplant. Die Story beschäftigte mich.

Die Anspannung machte Spaß und Mühe zugleich. Für meine Auftritte vor der Kamera musste ich mich selber schminken. Auch das ist nicht einfach. Denn der Anspruch ist: Vor der Kamera hat alles perfekt auszusehen.

Und schlussendlich endschied mein Regisseur Frank Hoffmann: Wir haben so viel Material. Wir machen eine Sondersendung:

›Birgit Schrowange in der Todeszelle.‹«

Äh, ich mein' ...

ach, is auch egal ... *god is great.*

Gute Nacht.

(21. Juli 2002)

Aufhören, Becker!

»Wir heben ab«
von Ben Becker and the Zero Tolerance
Band

Liebe Leser!

Sylvester 2001/2002, 5 nach 12, eine Million Menschen
allein vor dem Brandenburger Tor und ich-weiß-nich-
wie-viel-vor-den-Geräten – und live von der ZDF-Bühne
singt der Kölner Malle-Ballermann-Musikant Micky
Krause: »Geh doch nach hause, du alte Scheiße!«
Ich habe das ZDF für seinen Mut bewundert. Später
aber dachte ich: Kann es nicht auch sein, daß Micky
Krause damit gar nicht das ZDF im Auge hatte oder die
Ossis oder das alte Jahr, sondern die alte Nasenpfeife
Ben Becker?
Meine Damen und Herren!
»**Lautlos fliegt der Kopf weg**« hieß noch program-
matisch Beckers letzte Scheibe (die mir glücklicherweise
unbekannt geblieben ist). Und es muß an dem Tag gewesen sein, an dem er mal wieder stinke wie'n Iltis und
stramm wie 'ne Natter die Siegessäule besprang, als ihm
dieser Wurf seines Großhirns gelang:
»wie ein kätzchen ohne mutter,
wie der tiger vor dem käfig,
wie die USA im krieg, (Yeah! Gib's ihnen!)
wie mick jagger auf der bühne,
wie ich selber an der bar, (Ogottogott.)
wie GOTT im himmel,
so fühl ich mich.
wir heben ab.«
Genau. Wir heben ab.

Doch wieso fühlt sich ein Kätzchen ohne Mutter wie ein Tiger vor dem Käfig bzw. Gott Mick Ben wie Jagger anner Mutter-Bar oder Kätzchen im Krieg wie Tiger in Becker oder USA oder Niedecken inner Südstadt oder wie scheisse egal? Näh, was anderes: Du, Ben, du! Die raf, du, die hätte »Gott« – glaub ich – aber nie im Leben irgendwie großgeschrieben oder so.)

Auch nach der Wiedervereinigung bleibt Ben Becker mit Abstand der peinlichste Mensch von Berlin, eine grenzenlos hybride und ironiefreie Landplage aus Vinyl, der strebsamste Schüler von Hardy Krüger, quisiquasi Weizsäcker jun.

»Heute mach ich mal einen auf total Banane!« muß es ihm durch seine Neurologie geknattert sein – bevor ihm für seinen breitgereiften »**Hell's Angels**«-Song der folgende Hirntumor aus'm Rückenmark laufen konnte:

> »**Ich hatte alles ausprobiert;**
> **ich war von oben bis unten:**
> **stolz und tätowiert.**«

Seine höllische Ichmannssucht verhindert allerdings nicht durchgängig sporadisch aufkeimende Selbsterkenntnis:

> »**Ich bin traurig, melancholisch,**
> **Ihr seid wie ich, ich bin wie ihr,**
> **Ich fühl mich einsam, fühl mich krank.**«

Bruder Ben, was heißt hier ›fühlen‹?

Aber damit, daß er »Heroes« von David Bowie gecovert hat und sich an Rio Reiser vergreift, damit hat er sich selbst ins schwarz-rote Adreßbuch eingetragen, welches wir bekanntermaßen nach der Revolution hurtigst aus der Satteltasche holen wollen.

Bis dahin werden wir ihn in Ruhe lassen. Typen wie er laufen sich ja manchmal auch von alleine tot.

Gute Nacht.

Mit freundlichen Grüßen – Der Wohlfahrtsauschuß

(26. Juli 2002)

Weltwissen der Oberstudienräte

»Das Universum in der Nußschale« von Stephen Hawking

Liebe Leser!

Es gibt Zeiten, da kann man gar nicht genug davon kriegen. Dann wiederum hat's da Momente, wo man schon morgens vorm Aufwachen durch die Bude brüllt: ›Nä, kennich – habich – brauchichnich!‹ Z.B. Hochwasserdankgottesdienste oder singende Sandsacksoldaten, inhumane Fernseh-Duelle zwischen Kanzler-Giganten oder auch die schönsten Umweltgipfel aus Johannesburg. Oder Anton aus Tirol. Oder Kachelmannn. Oder Frank Lehmann, der vonner Tarantel gestochene Börsen-Affe von ›Börse im Ersten‹...

Und wenn uns Bürgern dann noch all diese komplexen Zusammenhänge so über den Kopf wachsen, wie den Ossis im August der Pegelstand von Elbe, Mulde und Müritz, Löckwitz, Rögnitz, Priegnitz, Stieglitz, Blasewitz und Witzwitz und der Wilden Weißeritz, dann meldet sich wie aus dem Nichts ein brennendes Interesse an **»Chaostheorie«**, **»Galaxiendichte«** und **»Teilchenbeschleuniger«**, dann haben wir plötzlich wieder ein offenes Ohr für die **»Zusatzdimensionen der Gravitationsausbreitung«**, die **»Heisenbergsche Unschärferelation«** und **»Raumzeitkrümmungen«** aller Art, ja, dann will man einfach alles wissen, auch alles über **»Vakuumfluktuationen«**, **»Quarks und Antiquarks«** und sogar über sämtliche **»elfdimensionalen Superstringschwingungen«** – und natürlich, ob es da draußen im Kosmos sonst noch so intelligentes Leben gibt – wie in Deutschland.

In solchen Zeiten – also praktisch immer – werden Bücher wie »**Das Universum in der Nußschale**« zu rasenden Bestsellern. Wenn er gar nichts mehr versteht, dann greift der Oberstudienrat zu behinderten astronomischen Schriftstellern, mit deren Hilfe er sich wieder als ganzer Mensch fühlen kann, dann greift er zu Stephen Hawking, dem Cambridge-Professor für Metatheoretische Physik und Angewandte Mathe, der laut Verlagsoffenbarung »**für seine Beiträge zur modernen Kosmologie zahlreiche Auszeichnungen erhalten hat, Mitglied der Royal Society ist und bekannt für seine typische witzige Sprache.**«

Und witzig isser, der Kosmologe, der moderne.

»**Eine kurze Geschichte der Zeit**«, sein erster Weltknüller und Megaseller, war schon eine heavy Nuß, für die ein herkömmlicher Oberstudienrat unendlich Große Pausen benötigte. Das muß selbst dem Supergehirn von Stephen Hawking irgendwann aufgegangen sein. Deshalb schreibt er auch im Vorwort:

»**Im Laufe der Jahre kam mir ein Buch anderer Art in den Sinn, eines das leichter zu verstehen ist.**« Hahaha! Was wiederum 'ne Menge Oberstudienräte irgendwie erfahren haben müssen, sonst wäre er ja auf seinem Universum sitzen geblieben.

Nun denn. Um's kurz zu machen:

Et geht um die drängende Frage, »**wie sich die Allgemeine und Spezielle Relativitätstheorie mit der Quantentheorie vereinbaren läßt**«. Und »**ob eine fortgeschrittene Zivilisation** – bestehend wahrscheinlich aus lauter Oberstudienräten – **in die Vergangenheit reisen könnte**« und »**ob wir auf einer Bran leben, oder einfach nur Hologramme sind.**« Alles klar?

Nee, natürlich nicht. Deswegen ja auch dieses Buch.

Und damit unsere exorbitanten Amateur-Schlaumeier

144

und akademischen Sternschnupper nicht jedes zweite kosmologische Zauberwort in Meyers Lexikon nachschlagen müssen, gibt's am Ende ein exorbitantes Schlaumeier-Glossar.

Es beginnt – kann man sich ja denken – mit dem sog. **»Absoluten Nullpunkt«** – das soll übrigens **»die niedrigste Temperatur«** sein, **»ungefähr –273 Grad C. Bei dieser Temperatur besitzen Stoffe keine Wärmeenergie«,** was vielleicht schade sein mag, mir persönlich aber relativ egal ist – und endet mit dem letzten Satz, dem sog. **»Zweiten Hauptsatz der Thermodynamik.«** Und, liebe Physikstundenschwänzer? Wie ging der denn noch mal?! Na, ich will ma' nich' so sein. Der ging so: **»Zweiter Hauptsatz der Thermodynamik: Gesetz, nach dem die *Entropie* stets anwächst.«**

Ähm. Wer jetzt zufällig nicht weiß, was **»Entropie«** ist, keine Panik, Herrschaften! der guckt einfach weiter im Glossar unter *Entropie* nach. Und dort steht geschrieben:

»Entropie: Ein Maß für die Unordnung eines physikalischen Systems. Die Anzahl jener verschiedenen Möglichkeiten, die mikroskopischen Bestandteile des Systems anzuordnen, die zum selben *makroskopischen* Erscheinungsbild führen.«

Was nun **»makroskopisch«** ist, kann der liebe Laie dann unter *makroskopisch* nachlesen – wenn er dann überhaupt noch weiß, was er eigentlich wissen wollte –, ich aber stieß bei meinen weiteren Forschungen auf die sog. **»Wurmlöcher«,** und weil ich immer schon mehr über **»Wurmlöcher«** wissen wollte, und weil mir irgendwie **»Wurmlöcher«** plötzlich wichtiger erschienen, hab' ich ... Also, **»Wurmlöcher«:**

»Wurmlöcher sind dünne Röhren in der Raumzeit, die weit entfernte Regionen des Universums miteinander verbinden. Äh, Herrschaften! Auch wenn's hier nur um blöde Wurmlöcher geht – Sie können ja wenigstens so tun als ob! Also: **Wurmlöcher könnten auch Verbindungen zu Parallel- oder Baby-**

Universen sein sowie die Möglichkeit zu Zeitreisen bieten.«

Ja, und das war der Punkt, an dem ich hellhörig wurde! Nein, nicht wegen der »**Paralleluniversen**«! Die kennen wir ja alle zur Genüge, da muß man sich nur Edmund Stoiber anhören, höhöhö, kleiner Scherz, diesen »**Protonen**«, oder das Spaßgesicht von Westerwelle, diese »**nackte Singularität**«!

(Hach! Liebe Fans der Sonnenfinsternis und Freunde der Politischen Bildung! Nun wollt Ihr bestimmt wieder wissen, wie Stephen Hawking einen Stoiber, einen sog. *Protonen* definiert, wa? Nun, »**ein Proton ist ein positiv geladenes Teilchen, das dem Neutron** (also Schröder) **sehr ähnlich ist und etwa die Hälfte eines Atomkerns ausmacht. Es besteht aus 3 Quarks.**«

Und die *nackte Singularität* von Westerwelle? Nun: »**Die nackte Singularität ist eine Raumzeitsingularität, die für einen fernen Beobachter noch sichtbar ist.**« Hm. Und ein näherer Beobachter – so möchte man hinzufügen – fällt dagegen auf der Stelle tot um.)

Zurück zu diesen *Wurmlöchern* und *Zeitreisen*!

(Wobei *Wurmloch* – wenn ich's mir recht überlege – zu Westerwelle eigentlich viel besser passen würde!)

Die meisten Lehrer werden sich wohl »**Das Universum in der Nußschale**« gekauft haben, weil sie sich über die Zeitreisen informieren wollten. Und die kosmologische Wahrheit, liebe Schüler, sieht für euch denn dann doch eher ernüchternd aus, weil nicht nur Adam Riese sie für einigermaßen unwahrscheinlich hält. Hawking schreibt nämlich:

»**Ausgehend von den oben erwähnten Dualitätsargumenten** (äh, Moment, *Dualitätsargumente* sind: ... ach, scheiß der Hund drauf!) **halte ich die Wahrscheinlichkeit, in die Vergangenheit zu reisen und dann** (Achtung! Typischer Witz à la Hawking!) **seinen Großvater umbringen zu können** (hahaha), **für kleiner als eins zu zehn – mit einer Billion Billio-**

146

nen Billionen Billionen Billionen Nullen dahinter.«

Boh, ey, das muß man sich mal vorstellen! Ich hab ja schon Schwierigkeiten bei knapp 2 Billionen Billionen Billionen ... Und im Übrigen, meine Damen und Herren, habe ich von diesem Universum im Großen und Ganzen – und das will ich hier mal ganz offen sagen – hochgerechnet nicht *einen einzigen* Buchstaben auch nur annähernd kapiert.

Nachtrag:
Das mit dem Großvater war außerdem einer von diesen typisch schwarzen Witzen, die dem Hawking so durch die Schwarte flitzen. Und der war doch nicht schlecht, oder?!

Zum Schluß noch zwei typische Hawking-Knaller:

»Die Oberfläche der Erde hat keine Ränder oder Grenzen. Berichte über Menschen, die von ihr hinuntergefallen sind, dürften stark übertrieben sein.« Hahaha, ich könnt mich kugeln!

Andererseits: Kardinal Meisner würd' ihm da wohl was and'res flüstern ...

Und dann noch der hier: **»Im Augenblick lassen Computer noch keinerlei Anzeichen von Intelligenz erkennen. Das ist keine Überraschung, denn unsere heutigen Rechner sind weniger komplex als das Gehirn eines Regenwurms, und der ist nicht gerade für seine Geistesblitze bekannt.«**

Na, da können unsere Oberstudienräte aber aufatmen! Und für Westerwelle gilt: Wenn ein Regenwurm schon so dämlich ist – wie geistreich muß dann ein Wurmloch sein?

Gute Nacht.

Und Weizsäcker soll die hübschen Bildchen aquarelliert haben.

(28. Aug. 2002)

Jürgen Fliege singt

Über Pur und Hartmut Engler

Liebe Leser!

Ich bin relativ hart im Nehmen. Deshalb kann ich z.B. ein Buch von Jürgen Fliege auch so runterlesen. Ich bin sogar in der Lage, im Fernsehen Jürgen Fliege, Beckmann und Herrn Johannes B. Kerner fast bis zum Ende auszuhalten. (Wenn ich den Ton ganz, ganz leise schalte.)

Jetzt gibt es aber – und das seit über 20 Jahren – eine sogenannte Musikgruppe, die die Texte von Beckmann, Kerner und Jürgen Fliege vertont und singt. Und das ist selbst für mich, der ich schon in reichlich üble Kübel geschaut habe, na – um es mal zivil und zurückhaltend auszudrücken – , wenig erbaulich, ja, schwer verdaulich.

Werte Leser! Seit der umstrittenen Schleyer-Entführung hat der Staat alle Möglichkeiten der Welt, auch gegen musizierende Terrorgruppen vorzugehen. Aber wie immer ist die deutsche Justiz blind – und diesmal auf beiden Augen, und taub obendrein: Man muß »**Pur**« nicht kennen; man muß nur wissen, daß so was wie »**Pur**« in einer angeblichen Zivilgesellschaft möglich ist.

Ein albernes Land wie Afghanistan wird bombardiert, nur weil die Frauen von ihren Talibans behandelt wurden wie noch in den 50er Jahren hier von der CDU! Aber eine deutsche menschenverachtende Popgruppe darf öffentlich auftreten, wann und wo sie will, ohne daß die Nato bisher auch nur eine einzige Sitzung einberufen hätte. Woran liegt das?

Kann ich Ihnen sagen, meine Damen und Herren.

Scharping! Scharping ist nämlich mit dem sog. Kopf von »**Pur**«, mit Sänger »**Hartmut Engler**« aufs engste intim!

Nun ist Scharping, wie wir ja alle wissen, weg vom Fenster, und Struck, der neue Verteidigungsminister, hat mit »**Pur**« nix am Hut. Was so gesehen Anlaß zur Hoffnung gibt. (Außerdem steht Struck auf Nena. Und der Bundeskanzler Schröder auf Klaus Meine vonne »Skorpions« und den Krumbiegel vonne »Prinzen« – und wahlweise auf jeden andern Scheiß. Was natürlich Hoffnungen aller Art im Keim sofort eliminiert.)

Unser Problem ist »**Pur**«! Bzw. eventuell sogar ›war‹!

Denn weil Scharping weg ist, und somit für »**Pur**« die Unterstützung durch den militär-industriellen Komplex entfällt, bliebe »**Pur**« nur noch der kultur-industrielle Komplex, also Radio-Gaga und TV-Volle Kanne Gaga – gäbe es nicht von dieser Seite, oh Wunder! etwas völlig Undenkbares zu berichten! Landauf und landab weigern sich nämlich seit Jahren praktisch alle Dudel-Sender, auch nur ein »**Pur**«-Stück ihrem Dudelvolk vorzududeln.

Die Zeitschrift »*Playboy*«, berühmt für ihre dicken Interviews, fragte den Hartmut am 16. 11. 2001:

»**Warum werden Sie von vielen großen Popsendern nicht gespielt?**« Worauf der Hartmut die Antwort gab:

»**Das kann ich Ihnen auch nicht sagen. Es gibt bei SWR 3 einen Redaktionsbeschluß, daß Musik von PUR nicht gespielt werden darf. Das geht so weit, daß Lieder von uns in Wunschsendungen ausdrücklich von Hörern gewünscht werden und trotzdem nicht gespielt werden. Das ist schon ziemlich frech.** Ja.

Auch bei VIVA hat man uns kommentarlos aus dem Programm geworfen. Ich weiß nicht, was wir den Leuten getan haben.«

Ach was! Ehrlich? Echt nicht? Hartmut, wissen wir

das wirklich nicht? Komm, tu doch nich' so! Haben wir nicht vor geraumer Zeit mal ein Lied geschrieben über ... äh, »**große Buckelwale**«?

Und nicht einfach nur über »**große Buckelwale**«, sondern über »**gewaltige und friedvolle, mächtige und liebevolle große Buckelwale**«? Über »**große Buckelwale, die heimtückischen Menschen entfliehen**« müssen? Über »**große Buckelwale**«, die sich »**menschenfern im Schutz der Tiefe zum Liebesspiel treffen**« und wenn se zum Atmen nach oben kommen »**Verletzbarkeit riskieren**«? Und bist du's nicht selbst im Refrain, der da lautet: »**Er träumt jede Nacht von großen Buckelwalen**«?

Lieber Hartmut, selbstverständlich hast du Recht, wenn du sagst, daß viele, viele Menschen solche Lieder hören wollen. Aber ist nicht gerade *das* das große Problem in unserer heutigen Zeit? Ich mein', haben die Amerikaner, Engländer und vor allem die russischen Bürger unter unsäglichen Opfern denn damals Deutschland aus der Dunkelheit befreit, damit *solche* Lieder gesendet werden können?

Ich weiß, ich weiß! Diese Frage, lieber Hartmut, kann man nur sehr schwer beantworten. Und man kann sie eigentlich auch nur beantworten, wenn man weiß, daß du nicht nur »**große Buckelwale**« besingst, sondern auch »**wahre, echte Freunde**«, »**herbe Tiefschläge**« und Leute, »**die ganz allein vorm Spiegel stehen**«, zudem noch »**die Vergänglichkeit unseres Daseins**«, »**Träume, Hoffnung, Mut und Lebenslust**« und »**den Verlust eines geliebten Menschen**«, also »**echte Trennungs- und Berührungsängste**«.

Und natürlich immer wieder Liebeslieder – und zwar in einer Sprache, wogegen jeder Teletubby-Text als germanistische Doktorarbeit erscheinen muß – »**wie schwer es Frauen oft haben, die Absichten und Beweggründe maskulinen Handelns richtig zu deu-**

ten, für das wir von unserer Seite ein klein wenig Verständnis signalisieren möchten.«

Hör mal, Hartmut! Du schreibst irgendwo, daß du jahrelang »*EMMA* abonniert« hast. Ähm ...

Gut, hier kann jeder abonnieren, was er will. (Auch das übrigens Dank der Alliierten.) Und daß es einer Alice Schwarzer extrem wurscht ist, von welcher minderbemittelten, einfach strukturierten, männlichen Nasenpfeife ihr Sexualorgan *EMMA* gekauft wird, is' auch wurscht. (Wobei es – gelinde gesagt – schon etwas merkwürdig anmutet, wenn ein Hedwig-Courths-Mahlender Muschi-Liedermacher wie du *EMMA* abonniert!)

Aber kann es sein, daß diese jahrelange, anstrengende Lektüre bei dir trotzdem von A bis Z völlig für die Katz war? Glaubst du im Ernst, daß ausgerechnet du bei Frauen, ob die nun *EMMA* lesen oder *EMMA* nicht mal buchstabieren können, »**Verständnis für unser maskulines Handeln**« erreichen wirst, und dann noch mit solchen Zeilen!

»**Ich lieb' Dich, egal wie das klingt.**
Ich lieb' Dich, ich weiß, dass es stimmt.
Denn ich lieb' mich bei Dir.
Ich lieb' mich an Dir.
Ich lieb mich in Dir fest,
Wenn du mich nur lässt.«

Aua, aua! Scheidenkrampf! Hilfe! Feuerwehr.

Werte Leser, über den Erfolg, 1,5 Mill. Exemplare von diesem Schleim verscheuert zu haben, heißt es im Beiheft der abenteuerlichen Groteske namens »**Abenteuerland**«, die nur 1 Jahr danach über uns hereinbrach:

»**Wer uns kennt, weiß, dass wir uns darüber wirklich gefreut, gefreuter, am gefreutesten haben.**«

Gesungene Jürgen-Fliege-Texte sind das eine.

Gedruckter Dreck inkl. Vergewaltigung der deutschen Sprache aber mindestens noch einer drauf.

Apropos »Abenteuerland«! Hier nur der Refrain:

»Komm mit mir ins Abenteuerland.
Und tu's auf Deine Weise.
Deine Phantasie schenkt Dir ein Land.
Komm auf deine eig'ne Reise.
Der Eintritt kostet den Verstand.
Komm ins Abenteuerland.«
Jetzt ahnen Sie auch, meine Damen und Herren, warum Hartmut Engler und Rudi Scharping so dicke sind.

Nachtrag:
Auch wenn das Liedgut von »**Pur**« in allen Radio-Stationen als das »Spätwerk von Roberto Blanco« abgekanzelt wird, heißt das noch lange nicht, daß ARD und die Dritten Programme diese Meinung teilen! Am 25. August 2001 haben »**Pur**« in der neuen Schalke-Arena vor 75000 armen Menschen ein Konzert gegeben, das kurz drauf fast in voller Länge im Fernsehen zu sehen war. Und zu hören war u.a. auch das »**Lied gegen Kindermissbrauch**«. Und körperlich zu spüren waren durch den Apparat 75 Tausend Menschen, die folgendes mitsangen:
»Wenn ich als Vater an die Opfer denke,
mir das Mitleid für die Täter fehlt,
dann geb ich zu, ich will es nicht versteh'n.
Wenn der ›gute Onkel‹, der den Kitzel vermisst
Zu ganz kleinen Mädchen ganz ›lieb‹ ist,
dann reicht es, wir drücken kein Auge mehr zu.
Faßt sie nicht an, lasst sie in Ruh',
Denn Kinder sind tabu ... uh ... uh.«
Und es war gut so, daß sie alle mitsangen. Denn ich hatte den leisen Verdacht, daß diese Menschen quasi eine beruhigende Initiation brauchten, eine kollektive Selbstbeschwörung, um nicht nach dem Konzert wahllos in die umliegenden Häuser einzubrechen, um dort wildfremde Kinder zusammenzuficken. Oder zu Hause ihre eigenen.
Gute Nacht. Herr Weizsäcker, übernehmen Sie.

(11. Sept. 2002)

152

Dixi – Ich habe gesprochen

**»Forever young – Das Erfolgsprogramm
Laufen Sie sich jung! Essen Sie sich jung!
Denken Sie sich jung!«
von Dr. med. Ulrich Strunz**

Liebe Leser!

Es ist ja nicht alles Kappes, was Herr Dr. Strunz, der bekannteste Kotzbrocken aus der Abteilung ›Fitness & Kopffäule‹ so erzählt. Manchmal hat man nur einfach das Gefühl, daß da ’n bißchen was fehlt. Denn so ein Satz wie: **»Das Gehirn braucht zum Denken Glukkose«** ist doch wohl nur die halbe Wahrheit. (Selbst Weizsäcker würde mir da zustimmen.) Aber wenn unterm Pony nur Gluckose gluckert, darf man sich halt nicht wundern:

»Gestalten Sie mit Visualisation ihre Zukunft selbst! Helmut Kohl hat mit 16 Jahren schon gesagt: ›Ich will Bundeskanzler werden!‹ Er sah sich mit 16 schon als Kanzler an einem Schreibtisch sitzen, fühlte den Kitzel der Macht. Und darum steuerte ihn sein Unterbewußtsein Schritt für Schritt, bis er am Ziel saß.«

Genau. Und deshalb ist Ihr Visualisationskonzept, Herr Doktor, auch totale Kacke. Genauso wie das hier:

»Fröhlich positive Gedanken wirken auf Ihr Unterbewusstsein wie ein kristallklarer Gebirgsbach in einem trüben Teich.« »Ein kristallklarer Gebirgsbach in einem trüben Teich!« Hm. So was gibt’s wahrscheinlich nur, wenn man 24 Stunden lang vor sich hin singt: **»Ich bin froh und heiter, Glück ist mein Begleiter!«**

Äh, Strunz! Dumme Frage: Heißen Sie wirklich so?
Gute Nacht.

(1. Okt. 2002)

Persönlichkeitsverzeichnis

»Sich einfügen in die Gemeinschaft, ist der Ersatz für
gesittetes Benehmen.« *Wolfgang Pohrt*

Liebe Leser!

Gute Nacht